Selbstbildnis, 1800

Selbstbildnis mit Mütze und Visierklappe, 8. Mai 1802

Selbstbildnis mit aufgestütztem Arm, um 1802/03

EBERHARD RATHGEB

Maler Friedrich

BERENBERG

1

Dass Caspar David Friedrich, geboren am 5. September 1774 in Greifswald, immer noch so viele Besucher ins Museum lockt, hängt an seinem Kunstkonzept, daran, dass es ihm letztlich um das Sehen, um das Sichtbare und das Unsichtbare ging und er der erste Maler war, der die Natur so darstellte, als wäre die Geschichte der Menschen an ihrem Ende angelangt. Er hat, als er sich um 1800 in der Natur umschaute, mehr wahrgenommen als andere, eine erhabene Leere und geheimnisvolle Reserviertheit. Seine Natur lächelt nicht, sie öffnet nicht die Arme, sie sagt kein Wort. Sie steht da wie ein letzter Zeuge, eine Erinnerung daran, dass die Geschichte mit dem Menschen einmal groß und gut gemeint gewesen war. Die Geschichte ist schlecht ausgegangen.

Irgendetwas hat er gesehen, das den Zeitgenossen entging, als hätte er ein verstecktes Fenster geöffnet und hinausgeschaut. Dieser Blick, der auf den besten seiner Bilder zu entdecken ist, bannt Museumsbesucher heute noch.

Friedrich ist der modernste unter den Romantikern, weil er, was er sagen wollte, in einer anderen Sprache vortrug, in Bildern, die sich nicht in Worte übersetzen lassen. Gefühl und Erkenntnis hat er in ihnen zu einer unauflöslichen Einheit verbunden. Man muss vor seinen Bildern fühlen, was er erkannte, man muss sehen lernen, was er sah.

Ohne den Protestantismus, der die geistigen und kulturellen Umbrüche um 1800 prägte, wäre er ein anderer geworden. Er war in diesem Sinne ein Kind seiner Zeit, nicht anders als Kant, Fichte, Hegel und Schleiermacher. Die protestantische Selbstprüfung und die pietistische Erziehung öffneten ihm den Innenraum, in dem seine inneren Bilder hingen, die Originale, die er auf die Leinwand übertrug. Die Landschaftsbilder, die er malte, sind ein Spiegel der modernen Einsamkeit. Er schaute auf seinen vielen Wanderungen in die Natur mit großer Wachheit und Aufmerksamkeit, aber auch mit dem Staunen der Verlorenheit, ganz so, als stände die Zeit still.

Auf seinen besten Bildern ist die Welt in ein absurdes Licht getaucht. In ihr scheint der Mensch nicht mehr vorgesehen zu sein. Die Natur hat ihn von sich abgestoßen, sie hat sich von ihm gelöst. Es gibt keinen Weg zurück. Was bleibt, ist zu warten, darauf, was noch passieren könnte. Es liegt nicht in der Hand des Menschen. Die Natur wird das letzte Wort haben.

2

Das bürgerliche Leben bietet Freiheiten und Risiken. In Jena stand gegen Ende des 18. Jahrhunderts ein Philosoph vor seinen Studenten und lobte das Ich, das eine ganze Welt aus sich heraus schuf, ein Ich, das das Nicht-Ich setzte. Nach Jena sind es von Dresden, wo Friedrich seit 1798 wohnte, rund 150 Kilometer. Da hätte er, großes Interesse vorausgesetzt, ein paar Tage wandern müssen. Von 1794 bis 1799 lehrt Fichte dort Philosophie. Er war damals eine Attraktion, von Goethe für den Lehrstuhl empfohlen, und zog viele junge Männer an, die sich den Kopf zerbrachen über den Zusammenhalt der Welt, was es mit ihr auf sich habe, mit Denken und Sein, Wahrheit und Wissen, und die sich Gedanken darüber machten, was ihre Bestimmung, ihre Aufgabe als Mensch sei.

Friedrich hatte anderes zu tun. Aus ihm soll ein Maler werden, einer, der in Bildern, mit Formen und Farben sagt, was er sieht, fühlt und denkt. Da half es ihm eines Tages nicht viel weiter, dass er in Greifswald gelernt hatte zu zeichnen. Es geht ihm nicht darum, etwas gut, wirklichkeitsgetreu abzumalen, ein Bild, auf dem dies oder das zu sehen ist, eine Kuh, eine Szene mit Hafenarbeitern, ein lieblicher Landstrich mit Heuschobern. Er möchte zu einer eigenen Weltsicht finden und sie zum Ausdruck bringen können.

So viel Subjektivität aus dem Stand heraus zu behaupten ist für den Sohn eines Handwerkers keine einfache Sache gewesen. Mit Handgriffen, Technik und Übung war es nicht getan. Ihm bleibt nichts anders übrig, als sich an sich selbst heranzutasten. »Auf sein geistiges Selbst ist der Mensch, ist der Maler angewiesen«, schreibt er in seiner klugen und polemischen *Äußerung bei Betrachtung einer Sammlung von Gemälden von größtenteils noch lebenden und unlängst verstorbenen Künstlern*, die um 1830 entstehen. Das Selbst ist der Kern, der Charakter, der zum Ausdruck drängt. »Jedes Bild ist mehr oder weniger eine Charakterstudie dessen, der es gemalt, so wie überhaupt in allem Tun und Lassen eines jeden sich der innere geistige und moralische Mensch ausspricht.«

Diese Vorstellung ist ganz und gar protestantisch, pietistisch, eine Folge der reformatorischen Gewissenserforschung. Für ein gutes, reines Gewissen, eine saubere innere Stube war jeder Protestant selbst verantwortlich. Er fegt sich aus. Den Besen, den er dabei in die Hand nimmt, nennt er Selbsterforschung und Selbstprüfung.

3

Mit Kant begann die philosophische Revolution des 18. Jahrhunderts. 1781 erscheint die *Kritik der reinen Vernunft*. Der künftige Maler ist sieben, ein kleiner Junge, dessen Mutter in jenem Jahr starb, keine vierunddreißig Jahre alt. Die älteste Schwester übernimmt den Haushalt und kümmert sich um die Geschwister. Eine Haushälterin hilft ihr.

Kant sitzt in Königsberg und führt sein Werk mit geometrischer Gründlichkeit aus, er vermisst Verstand und Vernunft. Er hat Zeit und die für ein solches Projekt nötige Geduld und Ruhe. Er geht mit sich zu Rate, prüft seinen Verstand und seine Vernunft. Auch Friedrich wird seine Bilder geometrisch aufbauen, als würde er Gärten anlegen. Kunst, Verstand und Vernunft brauchen Struktur, so wie in der Natur, in jedem Blatt, jeder Muschel, jeder Ähre, im Lauf der Sonne, im Spiel von Licht und Schatten eine Ordnung sich abzeichnet.

Kant zieht dem Geist Grenzen, die ihm sagen, was er wissen kann und was nicht. Für die Zeitgenossen ist diese Gebietserfassung erleichternd und erschütternd, sie verstehen endlich, was in ihren Köpfen vor sich geht, wenn sie denken, und müssen sich dafür mit verwirrenden Einsichten abfinden. Die *Kritik der reinen Vernunft* ist eine Konstruktionsanalyse und eine Gebrauchsanleitung. Über dem Buch werden Generationen grübeln. Der erste Rezensent fordert vom Autor eine leichtere Fassung, die Kant, der verstanden werden möchte, mit den *Prolegomena zu einer jeden künftigen Metaphysik, die als Wissenschaft wird auftreten können* 1783 liefert. Der junge Draufgänger Fichte, der bald in Jena Furore machen wird, rennt täglich über Wiesen und Felder, um seinen Kopf freizubekommen und aufnahmefähig, bevor er sich an das Studium des Buches setzt, das alle lesen, die sich ihm gewachsen fühlen.

Für Kant sind Raum und Zeit keine objektiven Gegebenheiten, die draußen in der Welt existieren, sondern subjektive Bedingungen des Erkennens, sie gehören zur Innenwelt, obwohl der unmittelbare Eindruck gegen diese Annahme spricht. Folgt die Nacht nicht auf den Tag, der Winter nicht auf den Herbst? Überragt der Kirchturm nicht die Dächer des Dorfes? Die Welt des Raumes und der Zeit, mit Berg, Wald und Meer, mit Augenblick, Gestern und Morgen, wie sie dem Menschen erscheint, wenn er sie wahrnimmt, ist in ihrer Grundstruktur ein Spiegelbild seines Geistes. Niemand erfährt und sieht die Natur, wie sie an und für sich ist. Nach Kant schiebt kein noch so scharfsinniger Kopf den Vorhang des Scheins beiseite, wie auf einer Theaterbühne, und dringt bis zu einer im Hintergrund liegenden Wahrheit vor.

Friedrich wird die *Kritik der reinen Vernunft* nicht gelesen haben. Aber es gab ja die *Prolegomena*, Rezensionen und Gespräche. Und es gab Pastor Franz Christian Boll aus Neubrandenburg, mit dem er befreundet ist. Boll hat in Jena studiert. Er hätte Bescheid wissen können.

4

Selbstporträts sind ein möglicher Weg für eine erste Selbstvergewisserung, und vielleicht auch eine Form des Bekenntnisses. Bei diesen Versuchen hat Friedrich sich selbst in der Hand, deren Vermögen von seinen Fähigkeiten begrenzt ist. Aber wie er sich sieht oder sich sehen möchte, das kommt aufs Papier.

Ein Porträt um 1800 zeigt einen jungen Mann mit leicht zur Seite gewandtem Kopf und großen Augen, ganz so, als wundere er sich über etwas, lasse sich aber davon oder von seinem Gegenüber nicht überrumpeln. Er sieht aus wie einer, der sich zu wehren weiß, er macht einen eigensinnigen und unberechenbaren Eindruck, als könnte ihm eine direkte Bemerkung rausrutschen, auch eine, die verletzen kann, eine Beleidigung. Er ist jung und hat offensichtlich noch nicht den Platz in der Welt eingenommen, der ihn ruhig und zurückhaltend werden lässt. Das Staunen beherrscht ihn, wie überall dort, wo die Empfindsamkeit durch die Wirklichkeit herausgefordert ist und ein Mensch sich orientieren muss. Sein Mund ist voll und weich, nicht verbissen und verkniffen, was nur dem gelingt, der genug Selbstvertrauen besitzt, dass er seinen Weg finden wird. Der wache Blick ist durch quälende, übermäßige Lektüre nicht abgestumpft und müde geworden, so wie die ganze Physiognomie des jungen Mannes, die Kontur seines Gesichts, eine deutliche Abwehr gegen das trostlose Grau der Gelehrtenwelt zu erkennen gibt und eine viel größere Nähe zum Reichtum der Anschauungen verrät. Er sucht das Unmittelbare, Sinnliche, nicht das Vermittelte.

Ein anderes Mal, datiert um 1802/03, sitzt ein junger Mann, immer noch ohne Backenbart, an einem Tisch vor einer Zeichnung. Er stützt den Kopf in die rechte Hand, die den Zeichenstift hält, und schaut verträumt aus dem Fenster, als könnte für sein Gefühl auf diese leise Weise der ganze Tag vergehen, ohne dass er sich deswegen grämen würde. Die Gedanken, denen er nachhängt, stimmen ihn zufrieden und er scheint darüber den Rest der Welt zu vergessen. Er sieht friedlich aus und möchte am liebsten in Ruhe gelassen werden, damit er Zeit für sich hat. Er hat sich ganz nahe an den Tisch herangerückt, als wollte er sich einigeln. Sein linker Arm liegt schwer auf dem Papier, als wäre sein Tagwerk abgeschlossen. Die Anforderungen der Realität hat er beiseitegeschoben, er sucht sich mit der Welt auf eine Art zu verbinden, bei der nicht Arbeit und Forschung maßgeblich sind, sondern Träumen und Sinnen, er möchte sich in sich selbst und in eine Anschauung versenken, ohne einem Zweck, einer Absicht zu folgen. Der Blick ist wehmütig, wie bei Verliebten, die nicht zusammen sind, aber aneinander denken. In seinem Gefühlsüberschwang könnte der junge Mann mit dem weichen Gesicht Gedichte schreiben. Dafür würde er die richtigen Wörter finden, er müsste nicht viel machen, sie fielen ihm zu, durch das Fenster, das nicht nur den Blick nach draußen öffnet, sondern auch nach innen. Träte jetzt ein Besucher ins Zimmer, der junge Mann würde nicht aufmerken, und wenn, er würde wie aus einem Tagtraum erwachen und sich verwundert umsehen.

Auf einem weiteren Porträt, datiert vom Künstler auf den 8. Mai 1802, trägt er eine Mütze und eine Visierklappe, die er zum besseren Sehen, zum Fixieren von Dingen und Details beim Zeichnen in der Natur verwendet. Er ist frontal zu sehen. Der aufmerksame, durchdringende Blick aus dem freien großen Auge ist streng und unerbittlich geradeaus gerichtet, wie bei einem Jäger, dem kein Tier in der nebeligen Morgendämmerung auf der Lichtung entgehen soll. Dieser junge Mann lässt sich nichts sagen, er prüft die Dinge von seinem Gesichtspunkt aus, und lieber widerspricht er, als dass er gleich nachgibt. Er besteht darauf, seine eigenen Erfahrungen zu machen, und er ist bereit, dafür Wegezoll zu zahlen. Im Fall eines Malers bedeutet das, dass er nicht den akademischen Regeln folgen und sich nicht mit unerheblichen Arbeiten abfinden wird, wie sie zur Finanzierung der Existenz nötig sein können, zum Beispiel Kopieren und Kolorieren. Er ist voller Hoffnung, Zuversicht und Tatendrang, und er vertraut seinen Kräften, deren Ausmaß ihm noch nicht bewusst ist.

Ein Kieler Freund, der Maler Johan Ludvig Lund, hat ihn um 1800 porträtiert, ein Medaillon-Bildnis. Friedrich hat hellblondes Haar, große blaue Augen und macht einen selbstgewissen Eindruck, nicht überheblich, aber seiner Sache sicher. Er ist fast im Profil zu sehen und sein Blick, der leicht nach oben gerichtet ist, schaut offen in die Zukunft, wie bei einem Mann, der gute Aussichten hat und sich etwas zutraut. Schüchtern sieht er nicht aus, eher so, als könnte er sich schnell aufregen und sich dann nicht mehr im Griff haben, als würde bei ihm, ohne dass er weiß, wie ihm geschieht, für Sekunden die Sicherung durchbrennen. Nicht dass er jähzornig ist, aber in ihm steckt ein ungezähmtes Potential, wie eine Erinnerung, die, kaum dass sie von irgendetwas berührt worden ist, hochschießt und ihn paralysiert. Er scheint zu wissen, dass er von solchen Kräften heimgesucht werden kann und dass er sich vor ihrer Eruption schützen muss. Nirgendwo in seinem Gesicht nistet die Dumpfheit, die sich dem Schicksal tatenlos überlässt, das die eigenen dunklen Gefühle einem Menschen bereiten. So wie er hier locker sitzt und beherzt schaut, ähnlich einem kleinen französischen Landadeligen vor der großen Revolution, von der er nichts ahnen möchte, scheint er zuversichtlich zu sein, dass es ihm immer besser gelingen wird, sich in den Griff zu bekommen und seine Gefühle ins rechte Fahrwasser zu leiten.

Ein Selbstbildnis um 1802, die Zeichnung für einen Holzschnitt, den sein Bruder herstellen wird, zeigt Friedrich im Profil mit Backenbart. Hier sieht er städtisch und energisch und etwas intellektueller aus, als ginge er zu einem Treffen der Romantiker, wo viel geredet wird und jeder sagt, was er denkt und fühlt. Es kommt nicht darauf an, viel gelesen zu haben, sondern darauf, eigene Ideen und Empfindungen vortragen zu können, die letztlich um einen selbst und die eigenen Projekte kreisen, um das, was man macht und sich vorgenommen hat. Das Profilbild als solches trägt dazu bei, den Charakter des Porträtierten stabil wirken zu lassen. Der Mensch, den es zeigt, hat eine eindeutige Kontur, die ihn, wie eine scharfgezogene Grenze, sowohl mit der Umgebung verbindet als auch von ihr abgrenzt, was sich als Zeichen einer sozial erfolgreichen Selbstbehauptung sehen ließe. Dieser junge Mann kennt seinen Weg, und er hat ihn zu seiner Zufriedenheit eingeschlagen. So sieht ein Maler aus, der auf erste Erfolge zurückblicken kann, der überzeugt ist, dass dieser Erfolg kein Zufall ist, sondern seinem Talent geschuldet, und der davon ausgeht, dass der gute Stern über ihm nicht erlöschen wird.

Auf einer Zeichnung um 1810 ist Friedrich sichtlich gealtert, er wirkt sehr hager. Jetzt ist er sechsunddreißig Jahre alt. Den Kopf hält er etwas gesenkt, leicht schaut er von unten nach oben, wie jemand, der Distanz wahren möchte und skeptisch ist gegenüber den kursierenden Ansichten und Meinungen und sich fragt, ob er all den Leuten trauen kann. Der Blick aus den großen Augen wirkt streng, beobachtend, kritisch. Er trägt einen rauschenden Backenbart. Ganz sicher wird er immer unverblümt sagen, was er denkt und fühlt, und er wird dabei keine Rücksicht auf Konventionen nehmen oder auf ein Wohlgefallen, das er wecken möchte. Die Dinge, mit denen er sich beschäftigt, ja das ganze Leben, sie sind zu ernst, als dass er sich und anderen etwas vorspielen möchte. Doch das bedeutet nicht, dass er einfach preisgibt, was ihn zutiefst bewegt. Er ist unnahbar und reserviert, als traute er dem freundlichen Schein nicht, den üblichen Oberflächlichkeiten des gemeinen sozialen Lebens. Sein Misstrauen scheint noch tiefer zu reichen. Nicht dass er vor sich selbst misstrauisch wäre und voller Anspannung auf der Lauer liegen würde, aber es fällt ihm schwer, sich emotional gehen zu lassen und völlig unbeschwert zu sein und auf diese Weise herauszufinden aus inneren Zwängen, was er tun und was er unterlassen soll, und aus selbstgestellten Grundsatzanforderungen, wer er ist und wie er ist. Vielleicht hat er bei entsprechenden Versuchen und unverhofften Erlebnissen schlechte Erfahrungen gesammelt.

In der Alten Nationalgalerie in Berlin hängt in einem Saal, der seinen Werken gewidmet ist, ein Porträt von ihm, das Caroline Bardua malte und das in Dresden im Jahr 1810 ausgestellt wurde. Er schaut jetzt etwas jünger aus als auf der Zeichnung, die er von sich mit sechsunddreißig Jahren gemacht hat, jünger und erholt, ein Eindruck, der sicher auch der fremden Hand geschuldet ist, die ihn im Glanz und mit der Würde eines erfolgreichen Künstlers porträtieren wollte. Er wirkt ernst, intelligent, selbstbewusst, wie einer, der sich gut überlegt hat, was er denkt und was er tut, der ein gewisses Ansehen bei seinen Mitbürgern genießt, wie es ein Künstler erfährt, der mit seinen Bildern Aufsehen erregt hat und ins Gespräch gekommen ist. Dieser Mann ist um eine wohlgesetzte Antwort nicht verlegen, er sagt seine Meinung klar und deutlich, wenn er es für nötig hält, so wie er nur in seinem Stil malt. Er sieht nicht aus wie jemand, der viel redet oder schwadroniert, ständig in Kneipen sitzt, trinkt und Karten spielt, sondern wie einer, der zu arbeiten versteht, der feste Ansichten hat und sie zu verteidigen weiß. Die Kneipen sind Friedrich nicht fremd gewesen. Am 9. Mai 1815 schreibt er an die Malerin und Schriftstellerin Louise Seidler, er habe Geld mit zwei Freunden im Gasthaus »versoffen«. Das wird nicht oft vorgekommen sein. Als Junge sind ihm, wie seinen Geschwistern, vom Vater Sprüche eingebläut worden, was man tun und was man lassen, wie man sich verhalten soll, Merksätze aus dem pietistischen Hausschatz, mit denen man über sich Gericht halten konnte.

Der Mann auf dem Bild von Caroline Bardua ist freundlich, aber knorrig, der Typ, der alleine sein kann, für sich, und der zu grübeln, in sich hineinzuhorchen versteht. So einer muss aus dem dünn besiedelten Norden stammen, vom flachen, melancholischen Land, ein Kind der rauen Küste, kalten Wind und graues Meer gewohnt, ein vom Wetter geschüttelter Baum am Rand eines Ackers. Es liegt auf der Hand, dass er lutherischen Glaubens ist und dass ihm Pomp, Ausschmückung und Bilderpracht, wie in katholischen Kirchen üblich, fremd sind. Er vermag auf den eigenen Füßen zu stehen, auch und gerade vor Gott. In dem Brief, den Friedrich dem Rat der Stadt Stralsund schickt wegen der Wiedereinrichtung der St. Marienkirche und der dort am 27. März 1818 mit seinen Zeichnungen einging, schreibt er: »Ein Gebäude, so zu Gottes Verehrung bestimmt ist, muß nach meiner Meinung möglichst einfach geordnet seyn ... Wenigstens der so mit lauteren reinen Herzen ins Gotteshaus tritt, muß nicht durch eine widrige Anordnung und formlosen Hausputz und Überladungen in seiner Stimmung gestöhrt werden.« Ein guter Protestant braucht nicht viel Unterstützung von außen für seinen Glauben, er liest die Bibel und macht sich seine eigenen Gedanken. Eine solche selbständige Haltung scheint Friedrich von jedem anderen Mann erwartet zu haben.

Mit dem Pastor von Neubrandenburg, Franz Christian Boll, war er verwandt. Im Sommer 1800 haben die beiden zusammen eine Wanderung gemacht. Friedrich hat Boll immer wieder treffen können bei seinen häufigen Besuchen in Neubrandenburg, wo seine Brüder Samuel und Adolf seit 1801 lebten. Adolf geht später zurück nach Greifswald und übernimmt den väterlichen Betrieb, in dem Seifen und Kerzen hergestellt werden. Pastor Boll war aktiv in der Erweckungsbewegung in Mecklenburg. Er schrieb ein Buch über den Verfall und die Wiederherstellung der Religiosität, das 1808 und 1809 erschien. Ob Friedrich es gelesen hat? Er hat mit Boll über dessen Ansichten ganz sicher geredet. Dass ihm, dem Maler, die Religion am Herzen lag, dass ihn ein tiefes religiöses Gefühl durchdrang, das kann man aus seinen Gesichtszügen lesen, die von protestantischer Aufrichtigkeit und Standfestigkeit gezeichnet sind, einem Lebensstil, dessen rechthaberischer Ernst von einem inneren Kerzenlicht erleuchtet zu sein schien. In Mecklenburg, davon konnte Pastor Boll dem Maler Friedrich lange erzählen, leerten sich um 1800 die Kirchen. Es gab Dörfer, in denen die Gottesdienste ausfielen, weil keiner mehr hinging. Neubrandenburg hat fünftausend Einwohner, aber oft stehen nur noch hundert in der Kirche und beten. Boll sieht die Ursache des Verfalls nicht nur bei der Aufklärung und bei Kant. Der Verfall begann seiner Ansicht nach viel früher, mit der Reformation, mit ihrem Glauben an das abstrakte Wort, mit ihrer kritischen Haltung, die sich nur an den Verstand richtet und für die Stimmung und den Ritus, die bei den Katholiken herrschten, wenig Sinn hat. Hier setzten seine Reformpläne an. Lehrer sollen Orgel spielen lernen, ein Gesangbuch für das ganze evangelische Deutschland muss her, Beerdigungen sollen bei Tage durchgeführt werden, weil der Tod zum Leben gehört wie das Jenseits zum Diesseits, Trauungen sollen in der Kirche vollzogen und die Gemeinden in Bezirke der Seelsorge aufgeteilt werden.

Und der Maler, hätte er nicht mit seinen Bildern seinen Teil zur Belebung des Glaubens beitragen können? Ungewöhnlich sind religiöse Themen unter Männern um 1800 nicht. Die Religion spielt überall mit, bei der Moral, bei der richtigen Lebensführung, in der Kunst und in der Philosophie, und sie zieht den Maler aus Greifswald heraus aus der Sphäre der Geschäfte, Projekte und des Alltags, dem sich die niederländische Malerei des 17. Jahrhunderts zugewandt hatte, und hinein in eine florierende Innenwelt, in ein Gespinst von Vorstellungen und Ideen. Wie eine dünne Nebelschicht legt sie sich über die Wirklichkeit und macht sie unwirklich, als sei, was dort vorfällt, zwar notwendig, aber letztlich nicht wichtig, nur sekundär. Überall lauert eine andere, höhere Welt, deren protestantischer Stellvertreter auf Erden der Geist ist. Jeder Mensch trägt ihn mit sich herum. Von einem romantischen Furor gepackt, fängt der Geist um 1800 an, in der Natur nach seinem Spiegelbild zu suchen, nach einer verlorenen Einheit.

Der Gott der Theologen wird durch das Göttliche des Universums und der Natur ersetzt, der Schöpfer, den die Bibel verkündet und dessen Worte und Taten die Kirche auslegt, durch seine Schöpfung. Fern der Dogmen breitet sich ein freies Land aus, das erhabene Ansichten bietet, Bergmassive, tiefe Wälder, Auen der Harmonie. Die Ausdrucksformen dieses neu erweckten religiösen Gefühls können individuell und vielfältig sein. Ein offenes Christentum predigt Friedrich Schleiermacher in seinen populären *Reden über die Religion*, die 1799 veröffentlicht werden. Alles, was war und wurde, die Mineralien, die Pflanzen, die Landschaften, die Geometrie, die Träume, barg von nun an ein Geheimnis, ein Zeichen, weil alles mit allem zusammenhängt und möglicherweise einen großen Organismus bildet, eine große Offenbarung. Dieser romantischen, spirituellen Vorstellung, die den ungeheuren Erfolg der Naturwissenschaften in verschwörerischen Nischen überleben wird, hing Friedrichs Freund Carl Gustav Carus an, Arzt, Naturforscher, Maler und Autor zahlreicher Bücher. Das Weltall, so Carus, sei ein einziger Organismus, und man dürfe deshalb auch nicht unterscheiden zwischen einem Reich des Todes und einem Reich des Lebens. Alles sei in Entwicklung, lebe, auch die Sonne, auch die Erde. Eine kurze Schrift mit diesem Bekenntnis zum Einheitsdenken trägt den programmatischen Titel *Geheimnisvoll am lichten Tag.* ›Über die Natur‹. Ein Maler mit diesen Ideen im Kopf wird Flüsse und Berge anders malen, als handle es sich um beseelte Wesen und als ließe sich deren Herkunft aus einem größeren Zusammenhang nicht mehr verbergen. Die Natur wird durchlässig für ein überirdisches Licht.

Organismisch und in Analogien zu denken bedeutete, die Welt mit philosophisch-religiöser Phantasie zu durchdringen, als wäre jetzt ein Künstler am Werk. Wer dies tat, belebte und formte die Wirklichkeit nach seinem inneren Sinn, er legte sie nach seinen Vorstellungen aus, einer Mischung aus Stimmung, Ahnung und Wissen. Diese Freiheit, seinen Assoziationen und Ideen zu folgen, ganz so, als sprächen die Dinge in einer geheimen Sprache und man müsste ihnen nur zuzuhören verstehen, brauchte eine Struktur, um nicht im Wahn zu enden. Wo die Korrektive an den Wissenschaften und der Empirie fehlten, musste aus eigenem Selbsterhaltungstrieb nach Zeichen, nach Ordnungen gesucht werden, die den Kontakt mit der Realität und ihren Formen hielten. Die Romantik war ein Sog aufs Meer der Einbildungskraft. Die religiöse Erneuerung, die sich Pastor Boll um 1800 erhoffte, konnte mit stabileren Gemütern rechnen. In den Reihen der Gemeinden hielten sich alle Erweckten an der Hand und gingen sich nicht verloren.

Friedrich suchte in der Malerei eine Ordnung für die Gefühle. Doch damit allein war es nicht getan. Verachtung, Hass und Verzweiflung sollten nicht den Pinsel führen. Nur mit geläuterter Seele durfte der Maler vor dem Bild stehen. »Die einzig wahre Quelle der Kunst«, schreibt er, »ist unser Herz, die Sprache eines reinen kindlichen Gemütes. Ein Gebilde, so nicht aus diesem Borne entsprungen, kann nur Künstelei sein. Jedes echte Kunstwerk wird in geweihter Stunde empfangen und in glücklicher geboren, oft dem Künstler unbewußt aus innerem Drange des Herzens.« Die Einheit der Welt kann nur wahrnehmen, wer nicht mit ihr zerfallen ist. Wenn ein Zerwürfnis droht, das Herz zu empören und zu schädigen, muss man sich, um das reine, kindliche Gemüt vor ihm zu retten, in die eigene, intakte Weltvorstellung zurückziehen. Sein Weg als Künstler war damit vorgezeichnet. Irgendwann, wenn sein Stil, seine Art des Malens, seine Sujets aus der Welt fallen, vom Publikum nicht mehr beachtet werden, wird er sich einkapseln und versuchen, nur noch für sich zu sein, seinen Weg zu Ende zu gehen. Zu grundlegenden Korrekturen war er nicht gemacht. Seine frühen Selbstporträts haben es ahnen lassen.

5

Die Landschaften, die er zeichnete und malte, bestehen aus hohem Himmel, schweren Wolken und vollem Mond, gestaffelten Bergen und weitem Meer, auf dem Segelschiffe fahren, aus Küsten mit Fischernetzen und Tälern mit Ruinen von Klöstern, mit kargen Eichen, dickem Schnee und grünen Wiesen, mit Kirchtürmen und strikten Horizonten, und vielleicht dass einmal ein Pferd zu sehen ist, und wenn Menschen auftauchen, stehen sie da, als wollten sie nicht gestört werden, sie haben sich abgewandt und sind von hinten zu sehen, als hätte der Maler vermeiden wollen, dass es zu einer unmittelbaren Begegnung und Auseinandersetzung mit ihnen kommt. Als Gegenstand der Kunst interessieren ihn die Menschen nicht sehr, anders als die Natur, vor allem die von Menschenhand unberührte. Figuren sind, das schreibt er am 28./29. Mai 1816 an seinen Bruder Christian, den Holzschnitzer, »so eigendlich meine Sache nicht«.

Von Städten und Dörfern sind oft nur Silhouetten zu erkennen, nahezu nie sind Straßenszenen zu sehen, wo etwas passiert, Leute zusammenstehen oder in die Kirche gehen, ein Fuhrwerk auf den Markt fährt, ein Haus gebaut wird, eben Ereignisse aus dem alltäglichen Leben. Friedrich war kein Chronist, keiner, der etwas schildert, erzählt, festhält, der vom Alltag überwältigt und fasziniert ist, vom sozialen Gewusel, den Charakteren, dem Zusammenspiel der Hände. Die Natur drückt bei ihm all das zur Seite. Hier, in der Natur, muss alles stimmen, jeder Grashalm an seinem Fleck stehen, jede Baumart zu erkennen sein. Da sieht er genau hin, und er merkt sofort bei anderen Malern die Fehler. Über einen seiner Kollegen, der nicht aufpasste, schreibt er:

»Eigen war diesem Künstler, daß er, was ihn in der Natur richtig ansprach, oft ohne alle Rücksicht auf Zeit, Gegenstand und Ort anwandte. So liebt er zum Beispiel den Abendhimmel mit aller Farbenglut gleich nach Sonnenuntergang, aber seine Landschaft war immer noch im Sonnenlicht, und die Schlagschatten der Gegenstände oft ganz kurz wie am Mittag. Die Färbung eines Kiefernwaldes in der Natur entzückte sein Auge, und ohne Rücksicht wandte er auch dies auf Laubholzwaldung an. Verschüttete Ruinen, wo er in Bergschluchten etwa gesehen und gezeichnet, versetzte er auf Felsengipfel, wo sie doch nicht verschüttet sein konnten.«

Dieser Vorwurf kam aus einer genauen Kenntnis der Natur. Man könnte ihn auch und gerade auf jene ausdehnen, die heute ohne gründliche Naturerfahrung und ohne auf Wanderungen erworbenes Wissen von der Natur in Museen vor Landschaftsbildern stehen. Sie genießen Aussichten in ein ihnen fremdes Land, wie auf Postkarten, und sehen statt Kastanien und Eichen nur Bäume, statt Eulen und Krähen nur Vögel, statt Granit nur Stein. Wie mit wachem Blick und steter Begeisterung die Natur betrachtet und ihre Schätze erforscht werden konnten, lässt sich in Goethes Tagebüchern nachlesen, die zur selben Zeit entstanden wie Friedrichs Bilder. Männer, Laienforscher auf den Gebieten der Botanik, Mineralogie und Geologie, streiften durch Wälder und Berge und sammelten Eindrücke und Fundstücke, um die Übermacht, die sie umgab, die Natur in ihrem Werden und Wirken besser zu verstehen.

Später, als Legenden und Meinungen um ihn schwirrten, war dort noch Platz genug für die Vermutung, dass Friedrich nicht derjenige geworden wäre, als der er berühmt wurde, der Maler der Romantik, der Deutschen, des Nordens, wenn er nach Italien gekommen wäre, sich hier länger aufgehalten, die italienische Landschaft, das Licht des Südens studiert und die andere Lebensart kennengelernt hätte. Obwohl er Freunde und Bekannte hatte, die in Italien gewesen sind, fuhr er nicht. Ein Landschaftsmaler brauchte seiner Ansicht nach nicht tausend Kilometer von zuhause wegfahren, er sollte sich stattdessen daheim umsehen, die Gegend vor der Tür kennenlernen, genau hinschauen. Alle Welt wollte nach Italien wegen der alten Meister und weil das Leben unter der südlichen Sonne ganz anders sein sollte. Friedrich blieb im Norden, weil hier seine große Lehrerin war, die Natur, die auf eine geheime Weise zu ihm passte.

Der Autor des Artikels ›C. D. Friedrich‹ in der *Allgemeinen Encyklopädie der Wissenschaften und Künste*, Leipzig 1849, behauptet dort, Friedrich wäre nach Italien gefahren, wenn seine finanzielle Lage es ihm erlaubt hätte. Eine Gräfin, die er auf ihrer Reise dorthin hätte begleiten können, habe das Angebot zurückzogen, als sie hörte, dass der Maler sich ausbedungen habe, sie nicht gnädige Gräfin oder gnädige Frau nennen zu müssen. In seinen Gemälde-Betrachtungen ist Italien weit aus seinem Horizont gerückt. »Denen Herren Kunstrichtern«, heißt es hier, »genügen unsere teutsche Sonne, Mond und Sterne, unsere Felsen, Bäume und Kräuter, unsere Ebenen, Seen und Flüsse nicht mehr. Italienisch muß alles sein, um Anspruch auf Größe und Schönheit machen zu können.« War er froh, dass er nicht nach Italien kam? In einem Brief behauptet er, dass er nicht dorthin fahre, weil der Weg zurück nach Hause ihm zu schwer fallen würde. Dem befreundeten Maler Johan Ludvig Lund, der ihn nach Rom einlädt, wohin er hätte aufbrechen können, da ihn noch keine eigene Familie zuhause festhält, schreibt er am 11. Juli 1816:

»Dank für die freundliche Einladung, nach Rom zu kommen, aber ich gestehe frei daß mein Sinn nie dahin getrachtet. Aber jetzt, da ich einige der Zeichenbücher des H((errn)) Faber durchblättert bin ich fast anders Sinnes worden. Ich kann mir es jetzt recht schön denken nach Rom zu reisen und dort zu leben. Aber den Gedanken, von da wieder zurück nach Norden könnte ich nicht ohne Schaudern denken; daß hieße nach meiner Vorstellung so viel: als sich selbst lebendig begraben. Stillzustehen lasse ich mir gefallen, ohne Murren, wenn es das Schicksall so will; aber rückwärts Gehen ist meiner Natur zuwider dagegen empört sich mein ganzes Wesen.«

Der letzte Satz klingt so, als spiele Friedrich auf die deutschen politischen Verhältnisse an. Er gehörte zu den Franzosenhassern, die Deutschland von der napoleonischen Herrschaft befreien wollten. Als Napoleon 1813 von den Alliierten besiegt wird, erfüllen sich ihre Hoffnungen auf politischen Fortschritt im befreiten Land nicht. Auf Friedrichs Bildern zeigen sich die Männer oft, wie aus Trotz und Übermut, in der altdeutschen Tracht der Patrioten, die in Deutschland seit 1815 verboten ist. Von den deutschen Künstlern in Rom wird sie mit großer Selbstverständlichkeit getragen. Rom ist weit weg. Würde er in Italien nicht aufatmen können?

Vielleicht ist diese Briefstelle ganz anders, nicht politisch gemeint, dass es ihm schwerfallen würde, aus Italien den Weg zurück in die deutsche Bilderwelt zu finden, die er sich erarbeitet hat. Bleibt er in Deutschland, in der gewohnten Landschaft und Atmosphäre, dann bewahrt er sich in gewissem Sinne seine Unschuld und Reinheit. Der Süden würde ihn nicht aufwühlen, und er hätte dann nicht damit zu kämpfen, die lebhaften italienischen Eindrücke zurückzudrängen und sich wieder den melancholisch stimmenden deutschen anzupassen. Er verlöre die Heimat seiner Kunst nicht. Deswegen bleibt er hier. Für diese Auslegung spricht die Fortsetzung des Briefes. »Ich bin eine Zeitlang Faul gewesen«, schreibt er, »und fühlte mich durchaus untüchtig etwas zu machen. Von innen heraus wollte nichts fließen der Brunnen war versiegt ich war leer; von außen wollte mir nichts ansprechen ich war stumpf und so glaubte ich denn am besten zu thun, nichts zu thun. Was nützt uns am Ende das Arbeiten, wenn nichts damit gemacht ist, der Saamenkorn muß eine lange Weile in der Erde liegen, wenn man sich von der Ärnte was versprechen will.« Anders gesagt, es hätte ihm nicht geholfen, nach Italien zu fahren, auch und insbesondere im Fall einer schöpferischen Krise nicht, im Gegenteil, er muss in der Heimat bleiben, um wieder zur Kunst zu finden.

In Ludwig Tiecks Roman *Franz Sternbalds Wanderungen*, der 1798 erscheint, werden ähnliche Vorbehalte gegen den Einfluss der Fremde auf die künstlerische Entwicklung erhoben. Der Niederländer Lucas van Leyden erklärt dem jungen Künstler Franz, der aus Nürnberg, aus der Werkstatt Dürers gekommen ist und nach Italien reisen möchte, warum es besser sei, in der Heimat zu bleiben. Franz hört sich die lange Rede an und fährt dann trotzdem nach Rom. Aber was Lucas van Leyden hier vorbringt, um den jungen Künstler von der Reise in den Süden abzuhalten, hätte aus einem inneren Monolog Friedrichs stammen können, geführt auch an jenem Tag, als er seinem Freund Lund schrieb, dass dieser mit ihm in Italien nicht rechnen könne:

»Wenn Ihr hingeht, so wird jedes neue Gemählde, jede neue Manier eine neue Lust in Euch erwecken, Ihr werdet in ewiger Abwechselung vielleicht arbeiten, aber Euch niemals üben, Ihr werdet kein Italiener werden und könnt doch kein Deutscher bleiben, Ihr werdet zwischen beiden streben, und die Muthlosigkeit und Verzagtheit wird Euch am Ende nur noch viel stärker als jetzt ergreifen. ... unser Fach ist die wahre nordische

Natur; je mehr wir diese erreichen, je wahrer und lieblicher wir diese ausdrücken, je mehr sind wir Künstler.«

Goethe, der Liebhaber Italiens, hat Tiecks Roman nicht gemocht. Jeder, der damals eine Reise in die Fremde unternahm, merkte bald, dass der Blick auf die Welt, das heißt die Lebensauffassung, den Blick in die Welt, das heißt das Sehen, prägte und umgekehrt. Aus Einsichten wurden Ansichten und aus Ansichten konnten Einsichten werden. Friedrich weiß um diese enge Abhängigkeit von Natur und Kunst. Und er war nicht der einzige. Eine neue deutsche Kunst, die Romantik, soll nach den Vorstellungen von Ludwig Tieck und Heinrich von Wackenroder in den *Herzensergießungen eines kunstliebenden Klosterbruders*, erschienen im Jahr 1796, aus der Begegnung des Künstlers mit der heimischen Landschaft, auch mit ihren alten Städten und ihren Fachwerkhäusern, erblühen. Friedrich malt diese Genealogie der neuen deutschen Kunst in seinen Bildern aus. Er beharrt auf ihr, indem er sogar behauptet, ein Maler male immer auch innere Bilder, er müsse in sich hineinschauen, und wenn er dort ein Bild sähe, das ihm gefällt und für das er sich interessiert, dann hole er es aus sich heraus und setze es auf die Leinwand. Die Innenwelt ist ein Abdruck, ein Reflex der Außenwelt, in ihr sind die Eindrücke des Auges archiviert, die sich in einem Leben von früh an gesammelt haben. Überheblich gegenüber dem Fremden ist er mit dieser Behauptung nicht, die sich in die Gedanken seiner Zeit einfügt. Er versucht nur, sich treu zu bleiben, bei sich zu sein, den Schatz des Eigenen nicht in der Fremde zu verlieren. »Der Maler«, schreibt er, »soll nicht bloß malen, was er vor sich sieht, sondern auch, was er in sich sieht. Sieht er aber nichts in sich, so unterlasse er auch zu malen, was er vor sich sieht. Sonst werden seine Bilder den spanischen Wänden gleichen, hinter denen man nur Kranke oder gar Tote erwartet.«

Aus seinem Atelier, aus dem inneren Archiv, kommt er, einmal darin verschwunden, nicht mehr heraus. Die Skizzen, die er auf den Wanderungen sammelt, werden hier gehortet und dann irgendwann wie Puzzleteile verwendet, aus denen er Bilder konstruiert, wie sie noch nie jemand gesehen hat, von dieser Welt und nicht von dieser Welt, eigenwillig, genial, versponnen, von surrealem Realismus, in einem strengen Sinne deutsche Träume. Phantastisch ist, was er malt, nicht. Phantastische Bilder, die mit ihrem realistischen Flair manchmal Bühnendekorationen gleichen, findet man zur gleichen Zeit bei dem sieben Jahre jüngeren Karl Friedrich Schinkel, dem Architekten Berlins und Brandenburgs. Im Jahr 1803 machte sich Schinkel auf zu seiner ersten Reise nach Italien.

6

Friedrichs Ausbildung zum Maler war traditionell. In Greifswald erhielt er privaten Zeichenunterricht. Danach ging er auf die Kunstakademie in Kopenhagen. In der dänischen Hauptstadt leben viele Deutsche. Er beherrscht keine Fremdsprachen. Das mag auch ein Grund gewesen sein, warum er später nicht ins Ausland reiste.

Die Landschaftsmalerei, die er für sich als Arbeitsgebiet wählt, entspricht seinen Fähigkeiten, sicher auch seiner psychischen Struktur, dem Eigensinn, der die Einsamkeit nicht scheut, einem christlichen Drang nach Erlösung, in dem sich die Ahnung von Rettung und Untergang mischen. Die Landschaftsmalerei wird früh zu seinem künstlerischen und philosophischen Projekt, eine Art und Weise, sich selbst und seine Weltwahrnehmung zum Ausdruck zu bringen.

Die Zeitumstände kommen ihm hier entgegen. Porträts zu malen, das war die Aufgabe der Maler gewesen, die für Fürsten und Grafen arbeiten. Sie füllen die Ahnengalerien auf, setzen die Herrscher in Szene. Die neue Landschaftsmalerei, die sich aus klassizistischen, heroischen Vorgaben löst, ist eine bürgerliche Angelegenheit, ein Akt der Emanzipation vom Hof, ein Befreiungsschlag der Kunst. Die Natur gehört niemandem, mögen Regenten auch Grenzen ziehen, Länder erobern und sich gegenseitig streitig machen. Die Niederländer des 17. Jahrhunderts mit ihren heimatlichen Landschaften im kleinen Format haben den Deutschen vorgemacht, wohin in der Kunst ein Naturgefühl zu führen vermochte, das sich vor Ort erfüllte und sich nicht fremden Traditionen unterwarf.

Auf seinen zahlreichen Wanderungen, von Böhmen über Neubrandenburg und Greifswald bis nach Rügen, führte Friedrich Skizzenbücher. Er musste sich dafür eine Erlaubnis beschaffen. Das Malen in der Natur war nicht überall erlaubt. Die Herrschaften fürchteten Spionage, dass da einer sitzt, der nur so tut, als sei er ein Maler, und im Auftrag von potentiellen Feinden die Gegend mit ihren Flussläufen, Tälern, Schluchten, Bastionen auskundschaftet. Wenn Friedrich später im Atelier vor der Leinwand steht, wird er sich aus diesen Skizzenbüchern bedienen. Nie packte er Leinwand und Farben zusammen und schweifte hinaus in die Natur, stellte dort die Staffelei auf und malte unmittelbar das, was er sieht, was ihm direkt vor den Augen liegt. Die Naturskizzen gehören zum Bestand der ausgeführten Gemälde, auch wenn sie im Prozess des Malens nicht die entscheidende Rolle spielen. Er schreibt darüber: »... wenn aber diese Studien zu Bildern benutzt werden sollen und die Urbilder dem leiblichen Auge entrückt sind und der Maler auch auf sein geistiges Auge angewiesen ist, da erkennt man nichts mehr von den früheren eigenen Studien.« Die ersten in der Natur empfangenen Eindrücke, die Urbilder, und die Skizzen, die er auf seinen Wanderungen gemacht hat, verbinden sich, wenn er vor der Leinwand steht, zu Vorstellungen, die sich dem inneren Blick, dem geistigen Auge, wie eigenständige Bilder anbieten, aus denen sich die Einbildungskraft nährt. Von der Erfahrung der Welt losgelöste Bilder hält er für nicht möglich. Das Innen und das Außen sind mit dem ersten Augenaufschlag ineinander verwoben.

Im Herbst 1798, mit vierundzwanzig Jahren, war er in Dresden angekommen, nach einem Abstecher in Berlin. Er hat eine lange Reise hinter sich, viel zu Fuß, weil das am billigsten ist, vielleicht auch mal auf einem Fuhrwerk oder auf einem Boot. An einem Tag lassen sich fünfunddreißig Kilometer schaffen. Vielleicht ist der Wunsch, nicht so weit weg zu sein vom Norden, von Zuhause, zu groß, und vielleicht will er das Meer, das Wasser nicht missen. Auf der Suche nach einer kunstsinnigen Stadt, die möglichst an einem Fluss liegt, der ja irgendwo ins Meer münden wird, und die vor allem eine Kunstakademie hat, bot sich Dresden an, wo die Leute einen anderen Dialekt reden. Sie sind Sachsen, keine Pommern, und er ist ein Pommer durch und durch.

Er sucht sich ein Zimmer irgendwo, das billig ist, später rückt er vor an die Elbe. Sieht er dann aus dem Fenster, schaut er auf den Fluss. Seine erste eigene Adresse dort lautet An der Elbe 27, ab 1820 An der Elbe 33. Hier bleibt er wohnen, bis er stirbt. In Dresden schreibt er sich an der Akademie ein, um mehr zu lernen. Die Akademie, 1764 gegründet, ist berühmt für ihren Kurs in Landschaftsmalerei. Der erste Winter ist sehr kalt. Die Temperatur fällt bis auf minus dreißig Grad. Im Dezember friert die Elbe zu, so dass Pferdewagen auf dem Eis fahren können.

Aus dem Norden, aus dem weiten Umkreis seiner Heimat in Greifswald und seines Wohnorts in Dresden wird es ihn nie wegziehen. Das Reisen ist beschwerlich, aber daran liegt es nicht, dass er nicht in die Fremde geht. Er ist jung, und kräftig ist er auch, er wandert ja viel. Auf der Insel Rügen soll er bei Sturm in den Felsen herumgeklettert sein. So zart besaitet war er nicht, dass er das Haus und sein Zimmer nicht verlassen hätte.

In Dresden tauchten vor allem in den frühen Jahren, in denen er hier wohnt, junge Leute auf mit neuen Ansichten und eigenwilligen Gedanken, Dichter und Künstler. Philosophen, Suchende sind sie alle, und alle haben etwas zu sagen, sie wollen berühmt werden, von sich reden machen, Zeichen setzen, Einfluss nehmen und die Geschicke der Poesie, der Kunst und der Ideen lenken. Sie bilden ein von einem enormen Selbstbewusstsein angetriebenes Karussell. Mittendrin sitzen auf ihren Steckenpferden die Brüder August Wilhelm und Friedrich Schlegel, Caroline Schlegel, spätere Schelling, und Dorothea Schlegel, Heinrich von Kleist, Ludwig Tieck, Novalis und

E. T. A. Hoffmann, Gotthilf Heinrich von Schubert, Heinrich Steffens, Friedrich Wilhelm Joseph Schelling, Adam Müller, im Abseits, aber vor Ort Arthur Schopenhauer, als Gast Friedrich Schleiermacher, und von den Malern, um nur drei zu nennen, Carl Gustav Carus, Johan Christian Clausen Dahl, Ludwig Richter. Sie bleiben nicht alle ihr Leben lang hier kleben, viele ziehen weiter.

Mit einigen von ihnen ist Friedrich gut bekannt, ja befreundet. Ob ihm zusagt, was in diesen Kreisen gesprochen und diskutiert wird, lässt sich nicht eindeutig sagen. Entsprechende Aufzeichnungen gibt es von ihm nicht, und kunsttheoretische Abhandlungen, die über sein Verhältnis zu den Romantikern Auskunft gäben, hat er nicht geschrieben. In seinen späten Bemerkungen über Gemälde findet sich kein Wort über Schelling, Schlegel, Kleist, Tieck. Nur Hegel, der den Romantikern sehr kritisch gegenüberstand, wird ein einziges Mal erwähnt. Bilder sagen mehr. Mit der Rechtschreibung und der Grammatik hat er seine Schwierigkeiten. Mit vierzehn war die Schule für ihn zu Ende gewesen. Aber ein Eremit ist er nicht, der sich der Welt und den Gesprächen völlig verweigert. Im Gegenteil, er hat seine Ansichten und tut sie kund im Kreis von Freunden. Da er früh berühmt wird, kommt die Welt zu ihm. Der größte lebende Dichter der Deutschen, Goethe, taucht eines Tages, es war das Jahr 1810, in seinem Atelier auf. Friedrich wird diesen hohen Besuch ein Jahr später erwidern. Auch der preußische Kronprinz schaut bei ihm in Dresden vorbei. Mit dem populären Dichter und Publizisten Ernst Moritz Arndt, der patriotische Gedichte schreibt und viel durch die Gegend reist, ist er bekannt. Greifswald, woher er stammt, ist zwar nicht groß, hat aber eine Universität. Arndt war hier ab 1800 für eine Weile Professor. Aus Greifswald kommt ebenfalls Georg Andreas Reimer. In Berlin wird Reimer eine Verlagsbuchhandlung gründen. In seinem Programm erscheinen viele der Schriften der Romantiker. Am Ende seiner Tage wird er einunddreißig Ölgemälde von Friedrich besitzen und wäre damit heute ein mehrfacher Millionär.

7

Bilder scheinen etwas Normales zu sein, eine Folge des Sehens. Der Blick in die Welt sammelt automatisch Bilder ein, die sofort sortiert werden, in bekannte und unbekannte, auffällige und unauffällige, was schnell und gedankenlos passiert. Radikal neue Bilder gibt es nicht. Der Blick ist von den Seherfahrungen geprägt. Das Auge sucht nach Ähnlichkeiten unter den visuellen Vorräten im Archiv des Gedächtnisses.

Mit ihren Seherfahrungen stehen die Besucher von Galerien vor den ausgestellten Werken und warten darauf, dass die Bilder etwas in ihnen auslösen, sie suchen nach einem roten Faden, der sie in ein Gespräch mit ihnen bringen könnte. Vielleicht lassen sie sich von Kunstkennern erzählen, was ihnen ins Auge fallen soll, Hinweise zu Bildaufbau, Symbolen, Einflüssen, und was sie nicht erkennen können, etwas über die Biographie des Künstlers, seine Auftraggeber, das Zeitgeschehen. Oft scheitern diese unvermuteten Begegnungen mit der Kunst. Die Betrachter sehen nicht, was gezeigt wird, worauf sie sich rasch abwenden, oder sie spüren und erfassen nicht, um was es gehen könnte, und stülpen ihre Ratlosigkeit über das Bild, dem sie nichts abgewinnen können, nichts, das in der Lage wäre, sie in ihren Sehgewohnheiten zu irritieren und emotional zu bewegen. Wenn keine erhebenden, anziehenden Reize von den Bildern ausgehen, laufen die Besucher ungeduldig durch die Galerien und nehmen am Ende die Erfahrung mit, dass die Kunst befremdlich und abgehoben ist, eine Welt für sich, versponnen und komisch, und dass sie ihnen nichts zu sagen habe.

So ergeht es nicht nur heute den Besuchern von Museen mit zeitgenössischer Kunst. Auch zu Friedrichs Zeiten konnten Betrachter vor seinen Bildern stehen wie vor einem weißen Blatt Papier, auf das sie projizierten, was dort ihrer Ansicht nach dargestellt war. In ihrer visuellen Befangenheit, in ihrem Drang, Ungewohntes in gewohnte Raster zu pressen und auf diese Weise jeden neuen Reiz zu erledigen, vermochten sie nicht zu erkennen und zu verstehen, was dort gezeigt wurde. Carl Gustav Carus beschreibt in seinen *Lebenserinnerungen* ein solches Zusammentreffen von Kunst und Konvention, bei dem die Macht der Einfallslosigkeit auf die Ohnmacht der Bilder stieß:

»Seine Bilder waren damals sehr gesucht, und er erhielt viele Besuche hoher und geringer Kunstfreunde, wobei es denn zuweilen auch an wunderlichen Begegnungen nicht fehlte, indem manche seiner Werke geradezu von kältern Naturen gar nicht verstanden werden konnten. So führte der weltbekannte gelehrte Hofrat Böttiger, mit dem auch ich damals öfters in Berührung kam und von dessen überall behäbiger Gefälligkeit und (nach Goethes Ausdruck) Ubique-Natur viele Geschichtchen kursierten, einst einige aristokratische Damen bei ihm ein, als eben ein neues Bild, eine weite nebelige Gebirgsferne mit einem einzigen darüber schwebenden Adler, auf der Staffelei stand. Der blinzelnde Archäolog stellte sich alsbald halb mit dem Rücken davor und entwickelte in fließender Rede den etwas erstaunten Beschauerinnen die Schönheit und tiefe Bedeutsamkeit dieses Seestücks, bis Friedrich verdrießlich auf die Gebirge zeigte und das Bild wegnahm. Ein anderer Kunstfreund stellte auch wohl einmal eins der von Friedrich allerdings oft etwas barock genommenen Seebilder, in denen aber doch stets irgendein der Ostseenatur charakteristischer Lichteffekt dem Künstler tief empfunden vorgeschwebt hatte, verkehrt auf die Staffelei und hielt den dunkeln Wolkenhimmel für die Wellen und den Himmel für das Meer und sonst dergleichen!«

Dass Böttiger nicht sah, was auf dem Bild dargestellt war, und sich lieber seinen reflexhaften Deutungen überließ, statt sich in Geduld zu üben und sich mit dem Bild zu beschäftigen, war offensichtlich auch der Situation geschuldet. Er stand mit Damen vor einem Bild und spielte sich als Mann auf, der den Frauen wenn nicht die Welt, so doch ein Gemälde erklären wollte. Es schien ihm selbstverständlich zu sein, dass er das konnte und dass er das Wort ergriff, statt den Damen den Vortritt zu lassen oder sie zu fragen, was sie sähen. Bei seinen Erklärungen überließ sich Böttiger nicht seinem Gefühl, das ihn offensichtlich im Stich ließ und nicht zum Ausdruck drängte, sondern vertraute dem Verstand, der dank langer Übung und einer guten Portion Selbstgefälligkeit findig und geschmeidig genug war, einen verqueren Eindruck rasch in besitzergreifende Aussagen zu verwandeln.

Die Okkupation der Malerei durch das ständige Reden über die Malerei war Friedrich nicht geheuer, ja zuwider, und er hatte in einem gewissen Sinne recht. Sobald das Sehen und mit ihm die Annahme, dass es etwas Neues, Ungewohntes zu entdecken gibt, in den Hintergrund treten und das Reden und mit ihm die Annahme, dass Worte sich leicht finden lassen, in den Vordergrund, hat das Bild keine Chance mehr. Es wird in Erklärungen aufgelöst, so wie Reize, Gefühle in chemische oder physiologische Formeln. Von Friedrich findet sich dazu die Bemerkung:

»Wortmacherei und nichts als Wortmacherei ist XX Sache; und verstünde er es nur eben recht, Worte zu machen, so wären wir gewiß auch gerecht genug, ihn für etwas Rechtes zu halten, etwa gar für einen Dichter. Er maßt sich aber auch an, für einen Maler zu gelten, und auch dies würden wir gerne glauben, wenn er uns etwas von seiner Malerei sehen ließe. Er findet es aber für gut und leichter und bequemer und auch wohl geratener, uns mit Worten abzuspeisen und immer Worte und nichts als Worte.«

Liest man Friedrichs Briefe und seine *Äußerung bei Betrachtung einer Sammlung von Gemälden von größtenteils noch lebenden und unlängst verstorbenen Künstlern*, merkt man schnell, dass er die Worte hart setzt, er bemüht sich nicht um einen geschmeidigen Stil, darum, etwas schön, eingängig und gefällig auszudrücken. Er sagt seine Meinung, berichtet, was passiert ist, gibt kurze Ratschläge und zieht Grenzen. Dabei schreibt er auch hin und wieder Gedichte. Seine überragende Ausdruckskraft fließt in die Bilder, in die archaische Sprache der Erscheinungen, die Ursprache der Welt, gesprochen vom ersten Menschen, der nur sah und keine Wörter kannte, was Bibelkundige oft vergaßen, die mit dem ersten Satz des *Johannesevangeliums* groß geworden waren: Am Anfang war das Wort.

8

Im Jahr 1799, ein Jahr nach seiner Ankunft in Dresden, erscheint in der jungen Zeitschrift *Athenaeum* ein fiktives Gespräch über Bilder, die in der Dresdner Gemäldegalerie ausgestellt sind. Der Autor ist August Wilhelm Schlegel, der mit seinem Bruder Friedrich die Zeitschrift herausgibt. Die Brüder gehören zu den theoretischen und philosophischen Initiatoren der deutschen Romantik und leben von 1799 an in Jena mit Augusts Ehefrau Caroline und mit Dorothea Veit, Friedrichs späterer Ehefrau, in einer Wohngemeinschaft zusammen, die eine gewisse Attraktion unter den intellektuellen Zeitgenossen entfaltete. Am Anfang des Gesprächs, bei dem nicht nur Männer reden, sondern auch eine Frau das Wort ergreift, findet sich eine für die romantische Kunstlehre entscheidende Bemerkung über den Zusammenhang von Erkennen, bildender Kunst und Sehen, vorgetragen von einem der männlichen Protagonisten:

»Es versteht sich von selbst, lieber Freund, und wir geben es gleich zu, daß die Kunst als bloße Abschrift der Natur gegen das ewige Regen und Weben derselben unendlich zurückstehen müßte. Eben deswegen soll sie den Abgang durch etwas von wesentlich verschiedener Art ersetzen. Der Künstler kann die landschaftliche Natur nur durch Wahl und Zusammenstellung verbessern, nicht an sich erhöhen. Dagegen leiht er dem Anschauer seinen erhöhten Sinn für sie, oder vielmehr er stellt den allgemeinen Sinn her, wie er ursprünglich beschaffen ist. Er lehrt uns sehen. Drollig genug, daß man es in dem Grade verlernen kann. Aber wann sieht man auch einmal um des Sehens willen? Es geschieht immer in anderen Geschäften. Man rühmt den Sinn des Auges als den edelsten, und den Verständigen mag er es deswegen seyn, weil er zur Erkenntniß so behülflich ist, dem großen Haufen gewiß nur wegen seiner Brauchbarkeit in der Haushaltung. Es ist uns gar nicht darum zu thun, wie die Dinge erscheinen, sondern wie sie sind: das heißt, wie sie sich greifen und handhaben lassen. Wir begnügen uns, jeden Gegenstand, jedes zu einer Gattung gehörige Einzelwesen immer wieder zu erkennen, und die wirklichen Veränderungen wahrzunehmen, die mit ihm vorgehn, ohne auf die tausend verschiedenen Ansichten zu achten, unter denen es sich uns darbietet. Von der ersten Kindheit an verbinden wir mit dem Gebrauch des Auges Wahrnehmungen andrer Sinne und eine Menge Schlüsse, die uns so geläufig werden, daß wir alles unmittelbar zu sehen glauben. Im Grunde sind wir uns aber dessen, was uns umgiebt, so lange es beim Gewöhnlichen stehen bleibt, mehr bewußt, in so fern wir es wissen, als in so fern wir es sehen.«

Im Grunde hieß das, dass die Welt, einmal mit offenen Augen so gesehen, wie sie erscheint, neu zu entdecken war. Wer einen Berg sah, der verband damit sofort das, was er sich über Berge vorstellte oder von Dritten erfahren hatte, oder was er im Gebirge erlebt hatte. Er stülpte sein Wissen über eine Form, die ihn denken und sagen ließ, dort vorne sei ein Berg. Ein Kind, das noch nie einen Berg gesehen hatte, war in einer anderen Lage. Es verstand nichts, es sah nur eine auffallende Erhebung und merkte den Größenunterschied zum Umfeld. Die erste Abstraktionsleistung war geschafft, wenn es die Form von der Erscheinung abhob und, mit dem Wort Berg verbunden, speicherte. Zu dieser Form kamen später weitere Attribute, die das, was Berg war, genauer beschrieben. Ein Berg war etwas in der Natur, das sehr hoch und kompakt war und im Weg stehen konnte, wenn dahinter eine Stadt lag, zu der man wandern wollte. Häufig wuchsen Bäume darauf, und Wiesen zogen sich an den Schrägen hin, die Abhänge hießen. Ganz oben auf der Spitze, die Gipfel genannt wurde, konnte Schnee liegen, auch im Sommer, wenn der Schnee überall sonst längst geschmolzen war. Später, bei ausgereifterem Sprachgebrauch, wird in der Vorstellung der Berg von vielen seiner natürlichen Attribute befreit und zu einer Metapher, so dass ein Berg von Aufgaben sich vor einem Menschen türmen kann.

Wenn man alle Zuschreibungen vergessen würde, alles Wissen, das die Dinge einpackte und sie umlagerte wie Nebel, dann konnte man zu einem wortlosen Sehen zurückfinden, das noch nicht von der Kommunikation verbogen war. Die Hoffnung, diese ursprüngliche Reinheit und Naivität wieder zu erreichen, war vergeblich, aber das schloss nicht aus, diesen Weg einzuschlagen und eine rückwärtsgewandte Erkundung streckenweise zu versuchen. Es gab dabei nichts zu verlieren, nur zu gewinnen. Mit den Vorurteilen, die das Denken beschränkte, verfuhr man nicht anders, nur fühlte man sich auf dem Gebiet der Sprache heimischer, man war geübter und erfolgreicher. Hier half die Kritik weiter, die Demontage von Gedanken, intellektuellen Gerüsten. Auf die Bilder von der Welt übertragen bedeutete dieses Vorgehen, den Blick in seinen Gewohnheiten zu kritisieren, das eingeschliffene Sehen zu irritieren, zu provozieren, es sich seiner selbst bewusst zu machen.

9

Friedrichs Atelier sieht aus wie ein Raum zum Meditieren. Keine Äußerlichkeiten sollen den Blick auf die inneren Erscheinungen ablenken, deren Auftreten behindern. Malen ist für ihn eine Art Rekonstruktion eines inneren Bildes, ein Vorgang, bei dem etwas sichtbar wird, das ihm allein, wodurch auch immer, im Innern zugespielt worden ist und nun nach außen gebracht wird, wie ein Wunsch, der sich nicht mehr verbirgt, ein Drang, der sich auslebt. Das gelingt nur, wenn Innen und Außen, Ahnung und Natur, Gefühl und Verstand, Chaos und Struktur im Gleichgewicht sind und sich gegenseitig stützen. Das innere Bild, das nicht leugnen kann, ein Abkömmling der Natur, der Welt der Erscheinungen zu sein, muss mit bildnerischer, dem Schein der Dinge gerechter Logik, mit geübtem, durchdringendem Sehen erfasst und auf die Leinwand übertragen werden. Das Auge des Malers, der nicht blind kopiert, als würde er ohne Verstand vorgefertigte Sätze nachsprechen, folgt seinen eigenen, aus dem Sichtbaren geschöpften Gesetzen.

Bei jenem Transfer von innen nach außen spielt die Mathematik, die Geometrie eine wichtige Rolle. Sie ermöglicht nicht nur einen sicheren Transport von hier nach dort, eine gute Gliederung des Materials. Sie ist ein Versuch, der Ordnung der Natur gerecht zu werden, von der deshalb ausgegangen wird, weil die Natur den Eindruck erweckt, letztlich stabil und in sich geschlossen zu sein, ein homogenes und harmonisches Ganzes aus unerforschlichem Werden und Vergehen. Die geometrischen Formen, die Gebilde von höherer Existenz zu sein schienen, gehörten zu den Strukturen der Natur, die nicht von Menschen erfunden worden sind und doch dem menschlichen Geist entsprachen, da er in der Lage ist, diese Formen nach mathematischen Formeln herzustellen. In der Geometrie zeigte sich eine wundersame Einheit von Geist und Natur, die mit Worten nicht zu erreichen war und um die Bilder buhlten, die mal ganz nach der Natur, ihren Erscheinungen gemalt waren oder, wie in Friedrichs Fall, nach ihrer Essenz. Diese Ansichten vom Aufbau der Natur, die Friedrichs durchkomponierte Bilder in unterschiedlichem Grade prägten, entsprachen Ideen von Novalis, der in seinen *Mathematischen Fragmenten* behauptet hatte, dass Geometrie eine transzendentale Zeichenkunst sei. Es sei, schrieb er, sehr wahrscheinlich, »daß in der Natur auch eine wunderbare Zahlenmystik stattfinde. Auch in der Geschichte. Ist nicht alles voll Bedeutung, Symmetrie, Anspielung und seltsamem Zusammenhang? Kann sich Gott nicht auch in der Mathematik offenbaren wie in jeder andern Wissenschaft?«

Später hat Ludwig Tieck, als er die dritte Auflage von Novalis Schriften mit einer Vorrede einleitete, auf die Nähe zwischen dem Maler Friedrich und dem früh verstorbenen Dichter hingewiesen:

»Die Musik liebte er sehr, obgleich er nur oberflächliche Kenntniß von ihr hatte; zur Skulptur und Mahlerei ward sein Gemüth nur wenig hingezogen, ob er gleich über alle diese Künste die originellsten Ideen und die höchsten Ahndungen aussprechen konnte. So erinnere ich mich z. B. eines Streites über die Landschaftsmalerei, in welchem ich seine Ansicht nicht fassen konnte, die aber nachher aus eignem reichen poetischen Gemüth der vortreffliche Landschaftsmaler Friedrich in Dresden großentheils wirklich gemacht hat.«

Leider hat Tieck hier nicht verraten, welche Ansicht über die Landschaftsmalerei Novalis vertrat, ein Mangel, den er nicht beheben wollte oder der ihm nicht einfiel, da ihm Friedrichs Bilder offenbar deutlich vor Augen standen, in denen sich diese Ideen umsetzten in eine Sprache der Struktur, der Formen und Farben.

Friedrich ist ein moderner Künstler. Er arbeitet nicht im Auftrag von Kirche oder Staat und nur manchmal für private Interessenten, die sich Bilder von Rügen oder andere Ansichten der nordischen Natur von ihm wünschen. Er malt vor allem, weil er malen möchte. Aus der Familie ist er der Einzige, der sich der Kunst widmen darf und die Neigung dazu schon früh zeigte. Vielleicht war er für ein Handwerk nicht zu gebrauchen, und so blieb dem Vater gar nichts anderes übrig, als es ihn mit der Kunst versuchen zu lassen, damit aus dem jüngsten Sohn etwas werde und er einen Beruf erlerne, mit dem er sich ernähren kann.

Als Friedrich später von der Akademie in Kopenhagen, wohin er für vier Jahre ging, nach Hause zurückkehrte, im Frühsommer 1798, zeichnet er seinen Vater und auch andere Familienmitglieder, die jetzt sehen können, was er gelernt hat und was er kann. Der Vater macht auf diesem Bild einen strengen und unerbittlichen Eindruck, ein Griesgram, Spötter und Rechthaber, der sich durchsetzen kann, nach festen Regeln lebt und diese Regeln seiner Familie aufzwingt. Wenn man sich ihm unterwirft, wird man ihn mögen können. Auf dem Bild sieht er ganz danach aus, als hätte er gehofft, dass aus seinen Söhnen bald kleine Erwachsene werden, die ihm bei der Arbeit helfen können.

Zeichenunterricht erhielt Friedrich in einem Alter, in dem Gleichaltrige in der Lehre waren. Vielleicht ist es so, dass etwas in ihm drinnen, Anlage, Impuls, ein ausgeprägter Vorrang des Sehens und des anschaulichen Denkens, ihn zum Zeichnen und Malen getrieben hat, und zwar so heftig, dass er auf die Malerei sein Leben zu stellen wagte. Er weiß, dass er als Maler eine unsichere Zukunft vor sich hat, auch eine Zukunft, die mehr und anderes verspricht, wie zum Beispiel sozialen Aufstieg, als der Handwerkerberuf, der körperlich anstrengend ist. Der Vater, der sich seinem Sohn nicht in den Weg stellt, im Gegenteil, der ihn fördert, wusste, dass es eine riskante Entscheidung war. Als Handwerker hätte sich der Junge später im bürgerlichen Sinne sicherer fühlen können. Aber der Vater geht das Risiko ein. Der Sohn wird ein Künstler. Andere schaffen es auch. Der Zeichenlehrer, der Friedrich in Greifswald unterrichtet, ist ja ebenfalls in der Lage, sich mit seiner Kunst zu ernähren.

Sich und anderen, so weit kann man vielleicht die Vermutung treiben, zeigt Friedrich mit dieser Entscheidung, dass sich in der Leidenschaft und in dem Interesse, die er für das Zeichnen, für die Kunst empfindet, auch jene Leidenschaft und jenes Interesse ausdrücken, die er für sich selbst aufbringt. Er möchte sich selbst verwirklichen und hält deswegen an sich fest, an einem inneren Kern. Er versteht sich nicht als Arbeitsmaterial, Handlanger, der für irgendeine Tätigkeit ausgebildet wird und mit irgendeiner Arbeit, die wenig mit ihm selbst zu tun hat, sein Leben zubringen soll. Für solche normalen Zurichtungen und Entfremdungen ist er zu dünnhäutig, ungeeignet.

Viele junge Männer treibt es damals in die Arme der Dichtung, der Philosophie, der Kunst, ohne dass sie gute Aussichten hatten, ihr Leben mit diesen Beschäftigungen fristen zu können. Auch die, die später berühmt werden, wie Schiller und Hegel, haben unsichere Zeiten hinter sich, gingen Kompromisse ein, bis es eines Tages so aussah, als würden sie auf ihrem Gebiet Erfolg haben. Der Sohn des Greifswalder Seifensieders und Kerzenziehers wird in seinem Künstlerleben kaum Kompromisse eingehen, er wird kein Zeichenlehrer, kein Buchillustrator, kein Porzellanmaler, er muss beruflich nicht umsatteln.

Zu seiner Zeit ist Selbstbewusstsein ein gängiges Wort in der Philosophie. Kein Philosoph, der in jenen Jahren nach Kant ernst genommen werden möchte, kommt am Selbstbewusstsein vorbei. Aber von Selbstverwirklichung sprach niemand, obwohl es genau darum geht, wenn ein junger Mann aus der Sicherheitszone ausbricht und sein Glück probiert. Man kann es auch so sagen, dass der Sohn, um den sich der Vater Sorgen machte, den Möglichkeiten folgen möchte, die in ihm liegen, oder, mehr religiös ausgedrückt, den Fähigkeiten Genüge tun möchte, die Gott ihm mitgegeben hat. Von den Künstlern der glorreichen Jahre der Renaissance kennt er damals, im Alter von vierzehn, noch keinen in dem Sinne, dass er ihnen dankbar wäre für ihr Ringen um Anerkennung. Sie waren es, die sich nicht mehr als Handwerker verstanden und behandeln ließen, sondern als Individuen auftraten mit besonderen, herausragenden Talenten. Sie waren Außenseiter, und sie haben den Weg bereitet und mit Erfolg gesäumt für alle Künstler, denen es später um Selbstverwirklichung ging.

Seinen Lebensentwurf stellte Friedrich auf seine Subjektivität, auf seine Eigenart, und zwar ganz unabhängig davon, ob und wie er dies begründen konnte. Ihn treibt ein Gefühl, keine philosophische Spekulation. Mit dieser Entscheidung erklärt er implizit auch, dass er sich dem Publikum nicht andienen wird. Erst einmal und vor allem geht es um ihn, sein Talent, seine Wahrnehmungsweise, seinen Zugang zur Welt. Er begab sich auf eine Entdeckungsfahrt, er musste seinen eigenen Stil finden. »Die heiligen Zehn Gebote«, schreibt er, »sind der reinere, lautere Ausspruch unser aller Erkenntnis vom Wahrhaften und Guten. Jeder erkennt sie unbedingt als die Stimme seines Innern, niemand kann sich dagegen empören. Willst du dich also der Kunst widmen, fühlst du eine Berufung, ihr dein Leben zu weihen, oh, so achte genau auf die Stimme deines Innern, denn sie ist Kunst in uns.« Er muss hellhörig sein auf sich, und er spinnt sich deswegen ein in die Welt, wie er sie sieht und zeigen kann. Denn alles kann er nicht.

10

Dass er in Dresden in jenen Jahren lebte, als die Romantik wuchs und blühte, muss nicht bedeuten, dass der romantische Geist ihn ganz in Besitz nahm. Doch schon auf den ersten Blick erwecken seine Bilder den Eindruck, hier habe man es mit einem Romantiker zu tun. Dann sucht man sie genauer nach Spuren des romantischen Geistes ab und greift auf die Werke von Dichtern, Künstlern und Philosophen zurück, die das Bild der Romantik prägten.

Diesem Vorgehen liegt die Annahme eines gemeinsamen Nenners zu Grunde und es lässt sich durch philologisches Gespür und historische Kenntnisse legitimieren. Das Allgemeine siegt in diesem Fall über das Individuelle. Das Besondere an seinen Bildern sind dann die Auffälligkeiten, die im Allgemeinen nicht untergehen, das, was sich dort nicht auflöst und als Rest zurückbleibt. Bilder so zu betrachten heißt, sie vor allem historisch sehen, sie in einen geschichtlichen Kontext zu stellen. Über das Verhältnis von Allgemeinem und Individuellem, Zeithorizont und Ausnahme schrieb er:

»Zum Schluß möchte ich die Frage aufwerfen: Macht der Mensch die Zeit oder die Zeit den Menschen? Bei Betrachtung einer Reihenfolge von älteren und neueren Kunstwerken scheint mir die Frage sehr nahezuliegen, wie jeder Zeit ihre Grenze gesteckt ist und über das Ziel der Zeit hinaus auch der genialste Mensch nicht kommen kann; oder wo es einmal gelungen, die Grenze zu überschreiten, von der Mitwelt durchaus nicht anerkannt oder wohl gar für verrückt erklärt wurde, die spätere Nachkommenschaft erkannte es erst. Ist der Menschengeist wirklich frei oder an Zeit und Ort gebunden? Die Arten der gewählten Darstellungen oder das Darstellungsvermögen im Gebiete der bildenden Kunst scheinen in gewissen Zeitabschnitten sich sehr deutlich und deutsch auszusprechen, sowohl in der Verschiedenheit der geistigen Richtung als in der Verschiedenheit der praktischen Ausführung. Selbst die Art, Gewänder zu zeichnen, die Art, alles hart oder alles weich und verblassend zu sehen oder es doch zu machen oder alles flach oder alles rund zu sehen. Oder auch Luftperspektive entweder gar nicht beachtet oder zu stark bezeichnet. Auch in der Ferne entweder alles übertrieben braun oder blau oder violett oder grün zu sehen. Diese Wahrnehmungen, so sonderbar, ja lächerlich sie auch klingen mögen, sprechen für die Meinung:

Die Menschen sind nicht so frei über Zeit und Ort erhoben, als viele es glauben.«

Das klang modern, nach sozialen Bedingungen, Sozialisation, Relativismus. Nichts geschah ohne Geschichte, und es geschah selten, aber mit Notwendigkeit, dass der Blick, der Sinn hinausreichte aus der Glasglocke der Zeit, damit die Entwicklung nicht stillstand, sondern am Laufen gehalten wurde. Der Fortschritt hatte einen Motor, der nach vorne drängte, auch wenn es manchmal so aussah, als bewege sich dies oder das nach hinten, zum Beispiel die Landschaftsmalerei, wie Friedrich klagte:

»Mit dem Fortschreiten der Zeit besteht ein ewiger Krieg, denn wo in der Welt sich etwas Neues gestalten will, und wäre es auch noch so entschieden wahr und schön, wird es dennoch vom Alten, Bestehenden bekriegt, und nur durch Kampf und Streit kann sich das Neue Platz machen und behaupten, bis es wieder verdrängt dem Neueren weichen muß. Aber nicht alles Verdrängen des Bestandenen vom Bestehenden ist allemal als ein Fortschreiten der Zeit in der Erkenntnis anzunehmen. Und dies in gegenwärtiger Zeit auf bildende Kunst angewendet, fragte sich's wohl noch, ob die neuere Landschaftsmalerei als Fortschritt der Zeit in der Kunst betrachtet werden könne.«

Die historische Bildbetrachtung rekonstruiert die Glasglocke, die Bestände einer Zeit, ihre Grenzen und Möglichkeiten. Folgen die Betrachter dagegen dem Impuls, ein Bild vor allem auf sich wirken zu lassen, dann vertrauen sie mehr den individuellen Eindrücken, die sich aus der Gegenwart des Bildes ergeben, als den Einsichten aus dessen Vergangenheit. Die scheinbare Sicherheit, die man aus der Rekonstruktion der Vergangenheit gewinnt, tauscht man jetzt gegen die Unsicherheit eines Zeitgenossen ein, der nicht wissen kann, was es letztlich mit der eigenen Zeit und deren Kunst auf sich hat und diesen blinden Fleck dadurch zu kaschieren versucht, dass er sich als Zeitgenosse ins Spiel bringt, der seinen Intuitionen und Empfindungen vertraut. Auch wenn ihnen bewusst ist, dass rund 250 Jahre zwischen ihnen und Friedrichs Gemälden liegen, versuchen solche Betrachter, die ihren Impulsen folgen, erst einmal zu erkennen, was auf seinen Bildern zu sehen ist. Sie verlassen sich auch in diesem Fall auf die Ahnungen, Reize und Gefühle, die durch die Bilder ausgelöst werden und sie vielleicht zum Nachdenken anregen.

Letzte Worte über Friedrichs Werke wird es nicht geben. Letzte Worte werden bei Beerdigungen gesprochen. Riefen seine Bilder keine Empfindungen und Gedanken mehr wach, wären sie tot, ein Fall für die Wissenschaft. Er selbst schrieb über die Empfindungen, die ein Bild entstehen lassen und die es zu wecken vermag:

»Ich muß bei diesem Bilde von XX wiederholen, was ich schon so oft und vielfältig gesagt, nämlich daß die Kunst nicht eine bloße Geschicklichkeit ist und sein soll, wie selbst viele Maler zu glauben scheinen; sondern so eigentlich und recht eigentlich die Sprache unserer Empfindung, unserer Gemütsstimmung, ja selbst unsere Andacht, unser Gebet sein sollte. Und ich freue mich, hier einmal wieder gefunden zu haben, was man so selten findet. Ich vermag es nicht auszusprechen, was ich jedesmal empfinde bei Betrachtung dieses Bildes, aber ich fühle mich gehoben, ergriffen und bewegt. Der Gegenstand ist es nicht, so mich ergreift; denn er ist eben nicht außergewöhnlich. Das Machwerk einer Meisterhand ist es auch nicht; wohl aber der Erguß einer reinen, tief und innig ergriffenen, bewegten Seele.«

Das Bild ist eine Flaschenpost der Gefühle, die vom Maler, der von ihnen beim Malen bewegt wurde, zum Betrachter wandern, der von ihnen ergriffen wird. Man muss ein Bild von Friedrich auf sich wirken lassen und die Wirkung beobachten, zu beschreiben und zu analysieren versuchen. Dass die Gefühle, die in ein Bild bei dessen Entstehung eingeflossen sind, die Zeit überstehen, dass sie auf der Leinwand konserviert sind, ist keine notwendige Annahme dieses emotionalen Transfers. Es reicht, dass beim Betrachter ein Affekt freigesetzt wird, der ihn in eine lebendige Beziehung zum Bild setzt. Vor Bildern zu stehen und nichts zu empfinden ist eine stille Aufforderung, das Museum zu verlassen und an einem besseren Tag wiederzukommen, an dem ein Funken überspringen kann.

11

In seinen *Lebenserinnerungen* hat Carl Gustav Carus Friedrichs Kunst und dessen eigenwilligen, zurückgezogenen Lebenswandel kurzgeschlossen, ganz im Sinne seiner organismischen Theorie, dass alles eine lebendige Einheit bilde und sich in den Einzelheiten der Sinn des Ganzen ausspreche.

»Seine ersten Studien hatte er auf der Akademie zu Kopenhagen gemacht, und im Jahre 1795 kam er nach Dresden, wo er 1817 zum Mitgliede der Akademie und später zum Professor der Landschaftsmalerei erwählt wurde. In Dresden hatte er sich stets sehr abgesondert gehalten, an keinen der damaligen Professoren sich angeschlossen und so allmählich einen eigenen tiefpoetischen, doch oft auch etwas finstern und schroffen Stil der Landschaft sich ausgebildet. Wie in der Kunst, so war er auch im Leben; von strenger Rechtlichkeit, Geradheit und Abgeschlossenheit – deutsch durch und durch –, nie hatte er auch nur versucht, eine der fremden modernen Sprachen zu erlernen, aller Ostentation ebenso fremd wie jeder luxuriösen Geselligkeit. Man sah ihn fast nie unter Menschen, und ich erinnere mich eines einzigen Abends, da es uns gelungen war, ihn in einem kleinen Familiencirkel bei uns festzuhalten. Die Dämmerung war sein Element, früh im ersten Morgenlicht ein einsamer Spaziergang, und ebenso ein zweiter abends bei oder nach Sonnenuntergang, wobei er indeß die Begleitung eines Freundes gern sah: das waren seine einzigen Zerstreuungen; übrigens brütete er in seinem stark beschatteten Zimmer fast fortwährend über seinen Kunstschöpfungen. Man kann denken, daß diese Natur mich reizte, und ich darf sagen, auch er hatte mich bald liebgewonnen und folgte ebenso meiner Art von Natur- und Kunstanschauung mit aufrichtiger Teilnahme.«

Die Eigenschaften, die Carus das Urteil erlauben, Friedrich sei »deutsch durch und durch«, sind Rechtlichkeit, Geradheit, Abgeschlossenheit, Arbeitseifer, alles Eigenschaften, mit denen sich Pietisten charakterisieren ließen. Aber schon Carus zieht es vor, die Zugehörigkeit zu einem Volk über eine folgenreiche religiöse Erziehung zu stellen, obwohl die eine schwammig und banal, die andere eindeutig und komplex war. Dass die *Lebenserinnerungen* 1865/66 erschienen, erklärt diese Entscheidung nicht. Als sie geschrieben wurden, lag Preußens Sieg über den Deutschen Bund und Österreich noch in der Zukunft. Später sah man in dem Krieg, in dessen Folge Preußen Gebiete annektierte, einen Schritt zur deutschen Einheit. Ausschlaggebend für Carus war das Bedürfnis, durch Kultur eine nationale Einheit zu beschwören und herbeizureden, die es in der Politik nicht gab, und ein Volk kulturpsychologisch zu beschreiben und zu vereinen, das keine Nation war. Für diese Konstruktion musste Friedrich schon früh herhalten.

In einem Brief vom 8. Juni 1809 erinnert sich Friedrichs Bruder Heinrich an das schlechte und schwierige Verhältnis, das er zu seinem Bruder Christian hatte, und er liefert auch eine Erklärung, wie es dazu hatte kommen können, dass sie sich nicht verstanden. Dem Bruder Christian bekennt er:

»... ich versichere Dir daß mich bei dem was ich ietzt schreiben will, ein Schauer überläuft und das mir die Thränen ins Auge kommen. *Hüte Dich vor dem den Gott getzeichnet hat.* –

Du und ich und alle Menschen haben den barbarischen Satz gehört, dieser nimt ihn so und einer anders auf, einer hält ihm durch Beispiele für recht ein andrer für falsch, wofür hält ihn wohl ein Kind wenn er ihm gepredigt wird? – Mit Furcht und Schrecken hatte ich als Kind ausgeforscht, daß meine stotternde Sprache auch ein Zeichen von Gott sei. Weiter nichts, Lieber, mir strömen die Augen über. – Doch noch eins – Erinnerst du Dich noch die Zeit in unsern Jungensiahren wo ich stets vorher lachen mußte wenn ich sprechen wollte? Dies Lachen, Bruder, dies Lachen war das Grab unsrer Innigkeit. *Beim Reden zu lachen bedeutet Falschheit*, ein Satz, richtig oder unrichtig, ich hatte ihm gehört und glaubte ihm. Wenn ich rede und stottere, so setzt sich ein Theil meines Körpers dadurch auf unbestimmte Zeit in Bewegung und hiergegen hilft kein sträuben, und eben dies Lachen rührte von der stotternden Sprache her; und ich armer, armer Teufel behertzigte blos den Satz: wär beim Reden lacht ist falsch. –«

Diese beiden Merksätze stammen aus einem pietistischen Erziehungskatalog, der sicherlich noch mehr Restriktionen zu bieten hatte. Die Atmosphäre in der Familie Friedrich muss drückend und belastend gewesen sein, von jener Art und Weise, die man als wohlmeinenden Terror repressiver Verhaltensmuster bezeichnen kann. Man wird annehmen dürfen, dass Friedrich seinen Teil davon mit sich herumschleppte.

12

Der Norweger Johan Christian Clausen Dahl, der geniale Wolkenmaler, der mit Friedrich befreundet war und mit ihm sogar im selben Haus an der Elbe wohnen wird, war im Jahr 1818 nach Dresden gekommen und hatte dort mit einer Gebirgslandschaft unter den Malern für Aufsehen gesorgt.

Ludwig Richter, 1803 in Dresden geboren, besuchte damals schon, mit fünfzehn Jahren, die Dresdner Kunstakademie. Sein Vater war Zeichner und Kupferstecher, und er nahm den Sohn zu sich in die Lehre. In seinen Lebenserinnerungen erzählt Ludwig Richter, dass er als junger Maler unter den Vorgaben der herrschenden Kunstproduktion zu verkümmern drohte und dass Dahl und Friedrich, die sich um diese Regeln nicht scherten, wie ein Befreiungsschlag auf ihn wirkten:

»Es kam in dieser Zeit vieles zusammen, was mich oft recht traurig stimmte. Zunächst war es das Gefühl des Unzulänglichen meines Studiums, welches stets geteilt war zwischen den eigentlichen Studienarbeiten und dem Zeichnen und Radieren von Prospekten, die noch dazu in einer mir widerstrebenden, manirierten Weise ausgeführt werden mußten. Nie konnte ich meine Zeit auch nur zur Hälfte den Arbeiten widmen, von welchen allein eine Förderung zu erwarten war, und selbst bei diesen dämmerte die Erkenntnis auf, daß der Weg, den ich geführt wurde, nicht zu dem Ziele führen könne, welches mir als das richtige erschien.

Denn es war jetzt ein junger Norweger nach Dresden gekommen, welcher unter den Studierenden große Sensation erregte. Es war Christian Dahl. Eine große norwegische Gebirgslandschaft von ihm auf der Kunstausstellung machte das ungeheuerste Aufsehen, und schwerlich kann man sich jetzt eine Vorstellung machen, welche Wirkung ein Werk von solch schlagender Naturwahrheit unter dem Troß der übrigen schattenhaften, leblosen, maniervollen Gemälde hervorbrachte. Nur Dahls Freund Friedrich machte davon eine Ausnahme mit seinen ganz originellen, poetisch gedachten und tief melancholischen Landschaftsbildern. Die älteren Professoren lächelten freilich über diese Ketzereien oder Narrheiten; von den jüngeren wurden sie bewundert und nach Kräften nachgeahmt. Der Frühlingsodem einer neuen Zeit fing an seine Wirkung zu äußern, das alte Zopftum war im Absterben, belächelte aber in olympischer Sicherheit den tollen Rausch der jungen Sprößlinge. Ich aber saß einsam, ratlos und doch voll des glühendsten Verlangens, das Beste zu erreichen.«

Poesie und Melancholie, die sich in den Augen Richters auf den Bildern Friedrichs vermischen, sind zwei Reaktionsweisen auf die Realität, Formen des Rückzugs, der inneren Einkehr, wobei die eine tätig ist, ein Schaffen, das einen Ausdruck sucht, die andere passiv, ein Leiden, das sich in die Seele drückt und hingenommen wird. Auch in dieser Charakterisierung Friedrichs bilden Leben und Werk eine Einheit, die zu freien Deutungen einlädt. Eine künstlerische und eine psychische Kraft wirken auf originelle Weise zusammen und beleuchten sich gegenseitig, führen aber auch zu dem Ergebnis, dass für Richter auf Friedrichs Bildern, anders als auf denen Dahls, der ein ganz anderes Temperament hatte, keine Naturwahrheit zum Ausdruck kommt.

Von der Suche nach Naturwahrheit angestachelt, packte Richter bald den Koffer und haute ab, er reiste nach Südfrankreich, Paris und nach Rom, wo er eine Weile bleibt. Er kommt durch die Welt, vergisst die deutsche Provinz und die lächelnden älteren Professoren mit ihrem Regelwerk. Zurückgekehrt nach Deutschland wird aus ihm ein erfolgreicher Maler und Illustrator, und er wird an der Zeichenschule in Meißen lehren sowie an der Dresdner Kunstakademie.

Auch Dahl zog es weg, er fährt nach Italien, im Sommer 1820, wohin sonst, alle sind dort, und bleibt im Süden fast ein ganzes Jahr. Der dänische Kronprinz Christian Frederik hat ihn zu diesem Aufenthalt eingeladen. Im Jahr 1824, er ist sechsunddreißig Jahre alt, wird er zum außerordentlichen Professor an der Kunstakademie in Dresden ernannt. Noch ein paarmal wird er nach Norwegen reisen, auch nach Paris und Brüssel kommen und dann in Dresden sterben. Über seinen Kollegen Friedrich, der in den Stockwerken unter ihm wohnt, über seine Kunst und die Reaktionen des Publikums, die einige Interpretationsmuster späterer Zeiten vorwegnehmen, schrieb er:

»Die Zeit sah in seinen Bildern konstruierte Ideen ohne Naturwahrheit. Darum kauften viele seine Bilder nur mehr als Kuriositäten oder weil sie, vornehmlich während der Zeit der Freiheitskriege, eine eigene, ich möchte sagen politisch prophetische Deutung darin suchten und fanden ... Künstler und Kunstkenner sahen in Friedrich nur eine Art Mystiker, weil sie selber nur das Mystische suchten ... sie sahen nicht Friedrichs treues und gewissenhaftes Naturstudium in allem, was er darstellte; denn Friedrich wußte und fühlte recht wohl, daß man nicht die Natur selber malt oder malen kann, sondern die eigenen Empfindungen – die jedoch müssen natürlich sein. Friedrich sah es auf eine eigen tragische Weise, die zwar nicht gerade gesucht, allein übertrieben in Bezug auf dasjenige war, was in der Malerei dargestellt werden kann.«

Dahl sah in Friedrichs Bildern eine Naturwahrheit, die Richter nicht bemerkte, weil dieser glaubte, dass es möglich sei, die Natur selber malen zu können, einen Baum am Abhang, wo er gerade noch Wurzeln schlagen konnte, Täler dort, wo Berge sich erhoben, und Wege, wo Wanderer und ein Fuhrwerk einen Weg brauchten, um weiterzukommen. Aber wie Richter weist auch Dahl auf einen psychischen Konflikt Friedrichs hin, der dessen Kunst prägte und die Ergebnisse eines genauen Naturstudiums überschattete.

13

Die Bilder des eigensinnigen Pommern mit dem Backenbart sind kompliziert und bieten deswegen, damals und später, eine großartige Projektionsfläche für die unterschiedlichsten Vorstellungen, die sie bei den Betrachtern auslösen und mit denen sie großzügig übermalt werden. Einerseits wurden sie gerne politisch gesehen, als Bilder eines Malers, der sich mit ihnen in die Nähe der deutschen Patrioten und ihres Freiheitskampfes rückte. Andererseits werden sie in den Augen all jener, die seine Kunst religiös deuten wollen, zu geheimnisvollen, mystischen Darstellungen, die man entziffern muss, als würde man einen Text, der in einer fremden Sprache geschrieben wurde, in eine Sprache übersetzen, die man aus Gewohnheit beherrscht.

Folgt man Dahls Ausführungen, wurde sein Mitbewohner beim Malen von Empfindungen geleitet und überschwemmt, die nicht ganz natürlich waren, das heißt, sie waren absonderlich, eigenartig, sie fielen aus dem Rahmen der Norm, gleich allen pathologischen Erscheinungen des Gemüts, wie Übersensibilität, Melancholie, Reizbarkeit, narzisstische Kränkungen. Für Dahl waren diese Empfindungen von einem tragischen Konflikt geformt, was dazu führte, dass Friedrichs Landschaften übertrieben wirken. Sie verlieren ihr natürliches Maß und werden ungewohnt und unheimlich. Weder die Politik noch ein in die Natur gelegtes religiöses Geheimnis, sondern die Erfahrung eines persönlichen Dramas, das Friedrich in sich verschloss, schien seine Bilder zu prägen und die Wirkung einer genauen, wahren Naturabbildung, um die er sich gewissenhaft bemühte, letztlich in den Hintergrund zu drängen.

Mag ein Mensch sich noch so sehr anstrengen, Kluges in guten Worten zu sagen, sobald er stottert, überschattet dieses Manko seine Rede und lenkt die Zuhörer vom Inhalt ab. Mochten Bäume, Gräser, Blätter noch so fein und genau von Friedrich gemalt worden sein, das Gefühl, das die Natur in ihm weckte und mit dem er der Natur gegenüberstand, konnte ein inneres Zittern und Beben nicht verleugnen. Im Gegenteil, die emotionale Spannung verwandelte sich in ein höheres, mystisches Licht, in eine befremdliche Stimmung, so dass sich auf der Leinwand ein Drama abzeichnete, obwohl keine Menschen dort mit Schwüren und Schwertern agieren und sich und anderen die Haare raufen. Sein inneres Leben, jene Moräne aus unsichtbaren prägenden Erfahrungen, zog auf geheime Art und Weise durch seine Bilder und hinterließ dort Spuren, die auf unbestimmte Weise nur als Übertreibungen sichtbar sind.

Carl Gustav Carus hat diesen Zusammenhang von Kunst und Existenz in ein entscheidendes frühes Erlebnis gelegt, in einen biographischen Samen, aus dem sich dann eine künstliche Pflanze mit derselben organischen Konsequenz entwickelte, die auch den Körperbau und den Gesichtsausdruck hervortrieb. In seinen Erinnerungen schreibt er:

»Was meinen verewigten Freund Kaspar David Friedrich betrifft, so waren wir schon um das Jahr 1818 einander nähergekommen. Er stand damals in den vierziger Jahren, und die Schärfe seiner Individualität war eben um diese Zeit leiblich und geistig am entschiedensten ausgeprägt. Gebürtig vom Strande der Ostsee, eine recht scharfgezeichnete norddeutsche Natur mit blondem Haar und Backenbart, einem bedeutenden Kopfbau und von hagerm, starkknochigem Körper, trug er einen eigenen melancholischen Ausdruck in seinem meist bleichen Gesicht, dessen blaues Augenpaar so tief unter dem stark vorspringenden Orbitalrande und buschigen, ebenfalls blonden Augenbrauen verborgen lag, daß darin schon der Blick des die Lichtwirkung im höchsten Grade konzentrierenden Malers sehr charakteristisch sich erklärt fand. Friedrich erfuhr als Jüngling das Schreckliche, daß beim Schlittschuhlaufen ein besonders geliebter Bruder, mit dem er sich bei Greifswald auf dem Eise befand, vor seinen Augen einbrach und von der Tiefe verschlungen wurde. Kam nun hinzu ein sehr hoher Begriff von der Kunst, ein an sich düsteres Naturell und eine aus beiden hervorgehende tiefe Unzufriedenheit mit seinen eigenen Leistungen, so begriff man leicht, wie er einst wirklich zu einem Versuche des Selbstmords sich verleitet finden konnte. Er hüllte dies immer in ein tiefes Geheimnis, aber man wird fühlen, wie gerade eine solche schon begonnene, obwohl noch zu rechter Zeit gehinderte Tat notwendig eine dumpfe und dunkle Nachwirkung auf eine Individualität dieser Art ausüben mußte.«

Mit dem Trotz derer, die nicht anders können und sich selbst und ihren Selbstentwürfen ausgeliefert sind, bestand auch Friedrich darauf, dass Kunst und Charakter, Ausdruck und Innenwelt eine Einheit bilden. Ein guter Maler malt, was er malen muss. Er folgt seiner inneren Stimme, er erfüllt sein Schicksal, das ihn nicht nur in der bürgerlichen Welt ereilt, auch künstlerisch, und bringt sich selbst in seinen Bildern zur Erscheinung, so wie aus dem einen Baum ein Apfelbaum wird und aus dem anderen ein Birnbaum. Diese Einsicht in die menschlichen Naturgegebenheiten resultiert sicher auch aus frühen Erfahrungen, die in engen sozialen Verhältnissen gemacht werden, Familie, Dorf und Nachbarschaft, wo die fatale Beschränktheit der Lebensläufe offen zutage liegt. Aus Söhnen von Handwerkern werden Handwerker, aus Töchtern werden junge Ehefrauen und aus diesen werden müde, erschöpfte Mütter. Was einer wird, das liegt ganz selten in seiner eigenen Hand. Die Leute sterben früh, wie es Gott gerade gefällt.

Wenn es Friedrich gelingt, bei sich zu bleiben, sich selbst als Maler treu zu sein, dann ist das für ihn auch eine Garantie dafür, dass düstere Bilder mit einem heiteren Gemüt gemalt werden können, mit der Fröhlichkeit dessen, der aus sich selbst schöpft und sich keinem fremden Zwang unterwirft. In stillen Momenten wird über den Mund eines Melancholikers ein Lächeln huschen, in dem sich das Wissen um Wehmut und Vergeblichkeit abzeichnet. Ein Maler, der sich selbst beherzigt und sich nicht an falsche Vorgaben der Kunsttheorie und Kunstkritik verliert, kann in seinen Bildern Erlösung finden. Diesen notwendigen inneren Zusammenhang deutet Friedrich selber an, wenn er erklärt:

»XX ist bekannt wegen seiner Neigung, düstere Gegenstände zu malen; ohne daß man jedoch in seinem Umgang Heiterkeit des Herzens vermißte. Seine Freunde aber sind bemüht, ihn von dieser Neigung abzulenken und beauftragen ihn deshalb, heitere Gegenstände zu malen. Seiner Natur nach kann er doch nie mit Wohlgefallen und Lust solche Aufträge ausführen, während er mit heiterem Sinne trübe Lüfte und ernste düstere Landschaften darstellen würde. O ihr Gutmütigen, die ihr so ganz und gar nicht das innere Drängen und Treiben der Seele erkennet! Und nicht den Menschen, wie ihn der liebe Gott geschaffen und geprägt und gestempelt hat, wollet, sondern wie die Zeit und die Mode es will. Über Charakterlosigkeit klagt unsere Zeit, und doch, wo er nur einigermaßen angetroffen wird, sucht man ihn zu unterdrücken.«

Dass er sich in dem Maler mit der heiteren und düsteren Seite selbst gemeint hat, legt ein Hinweis des Naturforschers und Schriftstellers Gotthilf Heinrich von Schubert nahe, der einen wachen Sinn für das Wirken der Seele hatte und auch in der Natur mehr Kräfte am Werk sah, als die wachsende empirische Naturwissenschaft, die sich auf Zahlen und Formeln verließ, zugeben mochte. Er bemerkte sofort die Schwermut des Künstlers, hat aber auch ihr Gegenteil erfahren:

»Wer aber in dem Maler Friedrich nur diese eine Seite seines Wesens: den tiefen, schwermütigen Ernst sah, der kannte ihn nur halb. Ich habe wenig Menschen kennengelernt, welche im geselligen Umgang mit anderen, wenn diese nämlich ihm zusagten, eine so heitere Gemütlichkeit, eine solche Gabe zum Scherz hatten als er. Mit der ernstesten Miene sprach und erzählte er Dinge, welche bei allen anderen ein unverlöschliches Lachen erregten; überall wohin er kam, brachte er, wenn ihm der Kreis gefiel, Heiterkeit mit sich und fröhliches Bezeigen.«

Der Friedrich, den Schubert sah, findet sich auch in den Briefen und in seinen Bemerkungen über Gemälde. Hier schreibt ein lebhafter Polemiker, kein trüber Melancholiker. Offensichtlich wurden die beiden unterschiedlichen Sprachen, die des Wortes und die der Bilder, von unterschiedlichen psychischen Kräften in ihm ausgelöst. Das Wort war auf einen Dialog mit anderen ausgerichtet, das Bild auf einen Monolog mit sich selbst. Das Wort setzte Gemeinschaft durch die Möglichkeit der Verständigung voraus, das Bild förderte die Einsamkeit durch die Vorgabe, eigene Gefühle in einer Art Privatsprache zum Ausdruck zu bringen, welche die Welt naturgetreu erfasste, sie zugleich aber in ein Licht tauchte, das aus dem Innern des Malers kam. Mit dem Realismus der Gegenständlichkeit scheint Friedrich dem Betrachter zum Gespräch die Hand zu reichen, die er dann durch den Eigensinn seiner Gefühle sofort wieder zurückzieht.

In der von Friedrich gelebten Lehre von den zwei Welten, von Wort und Bild, Verständigung und Gefühl, Gemeinde und Gewissen, trifft man auf einen Protestanten, der um sein Recht auf Selbstverwirklichung kämpft. Kaum aber steht man vor seinen eigenwilligen Bildern und ist von ihnen, ihrer metaphysischen Wirkung überfordert, verwandelt sich der Protestant aus Pommern in einen deutschen Melancholiker mit einem psychischen Konflikt. Die Einheit von Leben und Werk ist eine komplizierte Sache.

14

Die Psychologie kommt manchmal ohne Worte aus. Man glaubt Menschen an ihrem Gang, an ihrer Mimik und Gestik zu erkennen. Die Physiognomik, wie sie der Schweizer Johann Caspar Lavater im 18. Jahrhundert erfolgreich betrieb, hat hier das Terrain für eine Menschenkenntnis bereitet, die vom Ausdruck auf den Charakter schließt, von der Erscheinung auf das Wesen. Landschaftsbilder wären ein Ausdruck der Natur, wenn die Natur einen Charakter hätte, den auf einen Schlag preiszugeben ihr verwehrt ist, so wenig wie ein Roman, an einer Stelle aufgeschlagen, seine ganze Geschichte zu erkennen gibt. Die Natur kann sich nicht präsentieren, sich nicht darstellen und verstellen, sie verkleidet sich nicht, schlüpft nicht in Rollen, passt sich nicht an, sie lächelt, kokettiert und heuchelt nicht, sie täuscht, lügt und schwadroniert nicht. Sie kann deswegen auch nicht offenbaren, wer und wie sie im Grunde ist. Sie wird gesehen, und in sie wird hineingesehen, was sie scheinbar aus freien Stücken zeigt. Kaum leuchten am Himmel die Sterne, kaum rückt am Meer der Horizont in weite Ferne, taucht die Unendlichkeit auf, okkupiert Himmel und Meer und degradiert sie zu ihrem Erscheinungsbild. Geologen und Geographen sehen die Natur anders als Dichter oder Maler, auch wenn die Letzteren von Geologie und Geographie eine Ahnung haben. Die Worte, die Dichter für Landschaftsbeschreibungen gebrauchen, sind Abbilder der Natur aus zweiter Hand. Zwischen ihnen und den Originalen liegt ein Abgrund, über dem die Vorstellungen wie Nebelschwaden schweben. Sie überlagern die Originale, kriechen in die Wörter, in einen Satz, in ein im strengen Sinne bildloses Zeichensystem, die die Empfänger mit ihren eigenen Vorstellungen füllen müssen. Was dachte, fühlte und sah ein Dichter, als er die Wörter Meer und Himmel schrieb?

Beim Bild ist das anders. Der Betrachter steht vor einer Landschaft und sieht nur sie, diesen Baum, diese Wiese. Das unmittelbare Bild verdrängt die Vorstellungen, die er sich machen könnte. Der Maler überwältigt den Betrachter mit seinen Bildern. Eine Eiche, ein Berg, eine Ruine, die dort zu sehen sind, beanspruchen absolute Präsenz, sie lassen keine Nebenbuhler in der Vorstellung des aufmerksamen Betrachters aufkommen. Jede Bedeutung, jede Stimmung ist ihnen genuin fremd. Mit

Einsamkeit, Traurigkeit, Verfall und Sehnsucht haben sie aus freien Stücken nichts zu schaffen. Sie sind mit der Gegenwart ihrer Gegenständlichkeit, ihrem Erscheinungsbild völlig zufrieden. Wer vor Friedrichs Bildern melancholisch wird, der ist es selbst. Die Einheit von Leben und Kunst stellt sich vor dem Bild her, wenn es gesehen wird, sie entsteht wie ein Reflex zwischen dem Leben des Betrachters und dem Bild. Von dieser Verbindung kann man nicht mit gleichem Nachdruck darauf zurückschließen, dass im Werk sich das Leben des Künstlers ausdrücke. Ob ein Maler melancholisch war, weil er Bilder malte, die auf Betrachter melancholisch wirken, lässt sich nicht sagen. Sicher aber ist, dass der Betrachter unter Schwermut leidet oder gelitten hat. Er muss das Gefühl kennen, wenn er glaubt, es in einem Bild entdecken zu können.

Die Bemerkungen von Carus und Dahl über den Zusammenhang von Friedrichs Kunst und Lebensstimmung schreiten den Radius nicht aus, in dem er sich als Maler bewegt. Aus dem Jahr 1802 stammt eine Zeichnung von ihm, die den Titel trägt: *Alte Frau mit Sanduhr und Buch.* Auf einer Seite des Buches, das aufgeschlagen vor einer alten Frau liegt und auf das sie ihre gefalteten Hände gelegt hat, steht der Psalm-Vers: »Wer aber auf den Herren hoffet / der wird Gnade erlangen«, und auf der anderen Seite kann man lesen: »seelig sind, die / da glauben, ob sie / gleich nicht sehen«. Der Kunsthistoriker Johannes Grave hat darauf hingewiesen, dass diese Verse zum Bestand von Luthers festen Überzeugungen gehörten. Vor allem der letzte Vers habe einen Maler, der sich als Protestant fühlte und über die Möglichkeit nachdachte, religiöse Bilder zu malen, irritieren und herausfordern müssen. Durfte er malen, was nicht als Bild gezeigt werden sollte, weil der Glaube sich vom Sehsinn zu befreien hatte, oder was gar in Bildern nicht dargestellt werden konnte, weil Gott sich dem Auge entzog? Wenn es Friedrich um die Lösung dieses theologischen Problems gegangen ist, dann ließe sich, sagt Grave, die Zeichnung *Alte Frau mit Sanduhr und Buch* als ein Interpretationsschlüssel seines Werks deuten. Vor allem seine Landschaften würden nicht nur zeigen, dass und wie sich in der Natur das Göttliche ausdrückt. Auf ihnen wäre nachzuvollziehen, dass und wie für ihn das Sehen ein theologisches Problem war.

So alltäglich der Vorgang des Sehens der Welt ist, er war eine komplizierte theoretische Angelegenheit, über die damals auch Goethe, Kant und Schopenhauer nachdachten. Für Philosophen war es wichtig, hier eindeutige und feste Ansichten zu entwickeln. Sie mussten erklären, wie die Welt in den Geist kam, wie Subjekt und Objekt zusammenhingen, und dabei spielte das Sehen eine wichtige Rolle. Ein passendes Modell war eine entscheidende Voraussetzung für eine Theorie darüber, ob und wie Erkennen der Wirklichkeit und Wahrheit möglich waren. Man behalf sich und sprach von Eindrücken, die der Geist von der Außenwelt empfing, von der Wahrnehmung, von sinnlichen Gewissheiten und von der sinnlichen Eroberung der empirischen Welt, die mit ihren Reizen den Menschen beeindruckte.

Als Kant über unterschiedliche Erkenntnisweisen nachdachte und in dem Zusammenhang Raum und Zeit zu Modalitäten des Erkenntnisapparates erklärte, wurde das Problem mit dem Sehen reaktiviert. Offenbar war die praktikable Trennung von Subjekt und Objekt, einem Geist, der einem Spiegel glich, und einer Welt, die in Reize zerfiel, nicht ganz so einfach. Was zwischen beiden geschah, ließ sich nicht in zwei getrennte Sphären einordnen, die man mit der Brücke der Wahrnehmung verband, ganz so, als sei der Geist ein gutmütiger, etwas unbedarfter Gastgeber und müsse nur die Fenster und Türen seines Hauses öffnen, um die Welt hereinzulassen. Die Vermischung von Subjekt und Objekt, die mit der *Kritik der reinen Vernunft* zutage lag, sowie das weitere Nachdenken und Forschen über Licht und Farben und die Physiologie des Auges führten dazu, dass man sich mit dem Sehen als einem zentralen Zugriff auf die Welt intensiv beschäftigte. Goethes Farbenlehre erschien 1810. Sie widersprach der gängigen Lehrmeinung über das Licht und die Farben. Goethe war sehr stolz auf seine Abhandlung, so wie er sein ganzes naturwissenschaftliches Werk, das der Anschauung, der Erfahrung, dem Experiment verpflichtet war, sehr schätzte. Schopenhauers Abhandlung *Über das Sehn und die Farben*, die kaum beachtet worden ist, wurde 1816 veröffentlicht, drei Jahre vor seinem Hauptwerk *Die Welt als Wille und Vorstellung*, in dem die Einheit von Subjekt und Objekt, Charakter und Tun, individueller Natur und Weltsicht mit dem Siegel eines Schicksals bekräftigt wurde.

Bei allen Bemühungen um Geist und Natur, bei allen Fortschritten der Erkenntnis, die Kant erzielt hatte, es blieb das Problem, dass sogar die *Kritik der reinen Vernunft* über die Natur nichts aussagen konnte, was nicht im Spiegel des Geistes gesehen wurde. Was auch immer die erfolgreichen Naturwissenschaften von ihr zu berichten hatten, sie erzählten nur Geschichten von der Peripherie, von jenem Umschlagplatz, wo der Geist sich mit Klassifikationen und Gesetzen anverwandelte, was Natur in seinem Spiegel war. Die romantischen Philosophen versuchten ihr aus dieser Bedrängnis zu helfen und erfanden eine Naturreligion, als sei es möglich, in der reinen Sprache der Natur mit ihr zu sprechen. Doch diese Hoffnung auf ein intimeres Gespräch erfüllte sich nicht. Die Gedanken glitten in Mystik ab, in Ahnung, Schau und Dichtung. Die Natur blieb stumm.

Friedrich muss kein Protestant gewesen sein, um sich für das Problem des Sehens zu interessieren und Sujets für seine Bilder zu wählen, bei deren Betrachtung sich das Sehen seiner selbst bewusst werden kann. Auch hier gilt wieder, dass er sich nicht mit den betreffenden Schriften seiner Zeit auseinandergesetzt haben muss, um auf bestimmte Fragen zu stoßen. Einem Maler lagen die Probleme des Sehens unmittelbar vor der Nase. Schon der Titel der sechsten Abteilung von Goethes Farbenlehre, *Sinnlich-sittliche Wirkung der Farbe*, wird ihn ganz sicher angezogen haben, wenn er das Buch in Händen gehalten hat. Goethe selbst hat den Malern die Berührungsangst vor aller Theorie zu nehmen versucht, als er in der *Farbenlehre* schrieb:

»Man fand bisher bei den Mahlern eine Furcht, ja eine entschiedene Abneigung gegen alle theoretische Betrachtungen über die Farbe und was zu ihr gehört; welches ihnen jedoch nicht übel zu deuten war. Denn das bisher sogenannte Theoretische war grundlos, schwankend und auf Empirie hindeutend. Wir wünschen, daß unsre Bemühungen diese Furcht einigermaßen vermindern und den Künstler anreizen mögen, die aufgestellten Grundsätze praktisch zu prüfen und zu beleben.«

In wissenschaftlichen und philosophischen Büchern zu stöbern war keine Aufgabe, die einen Maler überfordern musste.

Bevor man sich in die Abgründe der Analysen wagte, tat man gut daran, sich selbst Gedanken darüber zu machen, was es mit dem Sehen auf sich habe, wie es sich als solches zeigen, wie es sich bewusst machen ließe. Der Betrachter eines Bildes musste dazu gebracht werden, sich von dem Eindruck des dargestellten Sujets zu lösen, im besten Fall nicht durch Reflexion, sondern in unmittelbarer Reaktion auf das Bild. Gelingen konnte das, wenn die Wahrnehmung sich irritiert fühlte, weil Sehgewohnheiten unterbrochen wurden. Auf einem Bild musste deswegen ein Pferd nicht rückwärts an einen Karren gespannt sein, einem Haus das Dach verkehrt herum aufsitzen oder Bäume ihre Wurzeln in den Himmel strecken. Alles sieht so aus wie immer, und doch ist etwas anders. Der Betrachter merkt, dass etwas auf dem Bild nicht stimmt. Die dargestellten Dinge lösen sich auf wundersame Weise aus dem normalen Zusammenhang, in dem sie im Alltag ein unauffälliges Dasein fristen, das heißt, ihre Gegenwärtigkeit und Gegenständlichkeit, die Schwestern des normalen Eindrucks, den sie im Trubel von Hausarbeit und Geschäften annehmen, verflüchtigen sich. Ein Jahrhundert später wird man im Theater von einem Verfremdungseffekt reden, durch den Gewohntes eigenartig und befremdlich werden soll. Aber von Verfremdung und Entfremdung redete damals, zu Friedrichs Zeit, niemand, auch wenn es genug Anlass gab, sich über langweilige Arbeitstage in Kanzleien zu beschweren, wo man stundenlang hockte und mit irgendwelchen Abschriften beschäftigt war, mit der Folge, dass man sich abends wie ausgelaugt fühlte und einem das Leben unter den Fingern zu zerrinnen schien.

Friedrich schafft eine Atmosphäre zwischen Bild und Betrachter, dank der mehr und anderes gesehen wird. Das Sehen selber wird im Bild zum Problem. Er vergewissert sich malend des Sehens, so wie sich Philosophen denkend der Vernunft vergewisserten. Dass er dabei in die Natur schaute, lag nahe. Hier hatten die Dinge keine alltägliche, praktische Bedeutung, hier griff die gewohnte Sprache, die die Welt in Arbeitsgebiete zu ordnen versuchte, ins Leere. Die Natur wollte gesehen werden. Und schon das war schwierig genug und konnte nur gelingen, wenn der Blick rein auf sie fiel, so wie am ersten Tag, als das Staunen vorherrschte und das Erkennen und Begreifen noch in weiter Ferne lagen.

15

Friedrich war ein Avantgardist, der darzustellen wagt, was im Kontext seiner Zeit als philosophisches Problem offensichtlich ist, dass der Schein nicht die Wahrheit ist und doch auf sie bezogen war. Er nahm die Herausforderung dieses Problems für die Kunst an. Dass sich Philosophen nur denkend der Vernunft vergewissern können, liegt auf der Hand, es ist logisch und insofern vernünftig. Dass sich ein Maler nur malend des Sehens vergewissern kann, das musste gezeigt, das heißt gesehen werden.

Der Betrachter, den er sich für seine Bilder wünscht, vergisst nie, dass er ein Bild sieht, und er macht sich Gedanken darüber, was das heißt. Er verliert sich nicht in einem Abbild der Natur, das ihn mehr oder weniger anzieht. Vor Friedrichs Bildern erkennt er, dass das Auge die Welt erschafft, indem es sie wahrnimmt. Der Satz: Selig sind die, die da glauben, ohne zu sehen, was sie glauben sollen, ist eine Buchweisheit, nicht die

Weisheit der Bilder. Zu Luthers Zeiten mochte er gerechtfertigt gewesen sein. Damals war dieser Satz eine theologische, protestantische Reaktion auf die opulenten Bildprogramme des Katholizismus. Nach Kants *Kritik der reinen Vernunft* musste dieser Satz für Hellsichtige heißen: Selig sind die, die da sehen, ohne zu glauben, dass sie schon alles gesehen haben. Was dem Betrachter vor Augen lag, war nicht die Welt in ihrer ganzen, ungetrübten Wahrheit. Sie war das Resultat eines Wahrnehmungsvorganges, der durch den menschlichen Erkenntnisapparat geformt wurde.

Weiter kam ein Betrachter nicht. Aber diese Erkenntnis brachte ihn einen großen Schritt voran. Denn sie ließ den Gedanken zu, dass in der Welt ein Geheimnis war, das nicht geborgen werden konnte. Man wurde sich dieses Geheimnisses nur bewusst, wenn man sich ermahnte, dem Sehen einerseits nicht ganz zu vertrauen, wenn man das Staunen über das Erscheinen zurückgewann, und wenn man in ihm andererseits den Spiegel eines Lichtes erkannte, in dem und durch das die Welt in ihrer Unerschöpflichkeit aufleuchtet. Der Maler Friedrich war ein Philosoph des Auges.

Der Unmittelbarkeit der Wahrnehmung verschrieb er sich nicht. Er kopierte nicht, was er sah, er trat nicht in Konkurrenz zu den Erscheinungen, deren Abbild er hätte festhalten wollen, technisch perfekt und ohne dass er selbst dabei ins Spiel kam. Beim Blick, den er auf die Welt warf, traf die unmittelbare Wahrnehmung mit Vorstellungen zusammen, die sich in seinem Innern als Erfahrung, Gefühl und Bild abgelagert hatten. Die Innenwelt war von einem Geheimnis durchzogen, so wie die Natur, und ließ nur manchmal Licht in diese Tiefen fallen, im Traum, bei außergewöhnlichen emotionalen Reaktionen und bei enthüllenden Begegnungen mit dem eigenen Selbst, beim Horchen auf die laut werdende innere Stimme. Hier, zwischen der Innenwelt und der Außenwelt, zwischen Subjekt und Objekt, Selbstgefühl und Wahrnehmung stand Friedrich mit dem Pinsel in der Hand und suchte nach den Gesetzen der Vermittlung, durch die der Schein der wahrgenommenen Welt, das Sehen sichtbar werden konnte.

In Fichtes Buch *Die Bestimmung des Menschen*, das im Jahr 1800 in Berlin erschien und sich an ein breiteres Publikum wandte, entspann sich ein nächtlicher Dialog zwischen einem Ich und einem Geist. Hier fällt eine verstörende Bemerkung über Realität und Traum, der normalerweise als eine Abfolge von inneren Bildern verstanden wird. Später, in technisch avancierteren Zeiten, wird man sagen, dass Traumbilder wie ein Film ablaufen. Das Gespräch ist für einen Philosophen, der 1774/75 die komplizierte *Grundlage der gesamten Wissenschaftslehre* veröffentlichte und sich damit einen Namen machte, auffällig und könnte in manchen Teilen weit eher aus einer Erzählung des Dichters E. T. A. Hoffmann stammen, der ein Faible für den Wahnsinn hatte, für die Schattenseiten des Verstandes:

»Ich. Es giebt überall kein Dauerndes, weder außer mir, noch in mir, sondern nur einen unaufhörlichen Wechsel. Ich weiß überall von keinem Seyn, und auch nicht von meinem eignen. Es ist kein Seyn. – Ich selbst weiß überhaupt nicht, und bin nicht. Bilder sind: sie sind das Einzige, was da ist, und sie wissen von sich, nach Weise der Bilder: – Bilder, die vorüberschweben, ohne das etwas sey, dem sie vorüberschweben; die durch

Bilder von den Bildern zusammenhängen, Bilder, ohne etwas in ihnen Abgebildetes, ohne Bedeutung und Zweck. Ich selbst bin eins dieser Bilder; ja, ich bin selbst dies nicht, sondern nur ein verworrenes Bild von den Bildern. – Alle Realität verwandelt sich in einen wunderbaren Traum, ohne ein Leben, von welchem geträumt wird, und ohne einen Geist, dem da träumt; in einen Traum, der in einem Traume von sich selbst zusammenhängt. Das Anschauen ist der Traum; das Denken, – die Quelle alles Seyns, und aller Realität, die ich mir einbilde, meines Seyns, meiner Kraft, meiner Zwecke, – ist der Traum von jenem Traume.«

Was sich anhört wie die Beschreibung ausgebrochenen Irrsinns, versteht sich selber ganz anders. Fichte ging es darum, zu zeigen, was mit dem Bewusstsein geschieht, wenn es erkennt, dass es kein Ding an sich gibt, wie Kant behauptet hat. Dann wird das Ich, das selbst jeden festen Kern verloren hat und ebenfalls nur noch ein Traum ist, jeden Halt in der Wirklichkeit verlieren. Die Realität hat kein Sein mehr. Das Ich wird in einer Welt des Scheins, die dem Traum gleicht, dahintaumeln wie ein Gespenst. Der einzige Ausweg, der ihm nach Fichte bleibt, besteht darin, sich als ein handelnder Mensch zu beweisen. Es wird Schuster und wird Schuhe reparieren, als Tischler wird es einen Tisch bauen, als Bauer pflügen und als Maler malen. Nur durch Handeln können die Bilder der Träume, in die sich Realität und Ich aufgelöst haben, gebändigt und ihr fester Bestand, ihr Wesen, ihr Sein, zurückerobert werden. Schuster, Tischler, Bauer und Maler gehen ihrer Arbeit nach, bewältigen ihren Alltag, reden mit Kunden und Interessenten, ärgern sich über Lieferanten und Kritiker, treffen sich abends mit Freunden und gewinnen damit an innerer Dichte, so wie die Welt um sie herum, mit der sie in Kontakt kamen.

Innere Bilder, den Schluss konnte ein Künstler aus diesem Dialog ziehen, müssen zum Ausdruck gebracht werden, wenn man ihre Macht zügeln möchte. Auf der Leinwand können sie sich in Schein verwandeln, der einer Ordnung der sichtbaren Welt unterworfen ist und damit auf eine Wahrheit hinweist, die den Namen Sein, Gott oder Ding an sich trug. Der Betrachter eines Bildes handelte, wenn er hinschaute und sah, dass er sah, dass Sehen, Schein und Struktur eine Einheit bildeten.

16

Den Dichter Heinrich von Kleist hatte Kants Philosophie aus der Bahn geworfen. An seine Freundin Wilhelmine Zenge schrieb er am 22. März 1801 einen Brief, der vor allem berühmt geworden ist wegen einer Metapher, die aus der vertrackten Philosophie Kants alle Schwierigkeiten, vor denen viele Leser kapitulierten, herauszog wie einen Stecker, der ständig zu Kurzschlüssen und Stromausfällen führte. Was von dem Werk übrig blieb, machte auf ihn einen leider vernichtenden Eindruck. Kleist schrieb:

»Vor kurzem ward ich mit der neueren sogenannten Kantischen Philosophie bekannt – und Dir muß ich jetzt daraus einen Gedanken mitteilen, indem ich nicht fürchten darf, daß er Dich so tief, so schmerzhaft erschüttern wird, als mich. Auch kennst Du das Ganze nicht hinlänglich, um sein Interesse vollständig zu begreifen. Ich will indessen so deutlich sprechen, als möglich.

Wenn alle Menschen statt der Augen grüne Gläser hätten, so würden sie urteilen müssen, die Gegenstände, welche sie dadurch erblicken, *sind* grün – und nie würden sie entscheiden können, ob ihr Auge ihnen die Dinge zeigt, wie sie sind, oder ob es nicht etwas zu ihnen hinzutut, was nicht ihnen, sondern dem Auge gehört. So ist es mit dem Verstande. Wir können nicht entscheiden, ob das, was wir Wahrheit nennen, wahrhaft Wahrheit ist, oder ob es uns nur so scheint. Ist das letzte, so *ist* die Wahrheit, die wir hier sammeln, nach dem Tode nicht mehr – und alles Bestreben, ein Eigentum sich zu erwerben, das uns auch in das Grab folgt, ist vergeblich –«

Der protestantisch erzogene Dichter macht einen recht kleinkrämerischen Eindruck. Er war enttäuscht. Was nützte ihm die Wiedergeburt, an die er glaubte, wenn er auf einem anderen Stern mit seinen Bildungsschätzen nichts mehr anfangen konnte, weil seine Erkenntnisse wertlos waren, und er deshalb noch einmal würde zur Schule gehen müssen. Offensichtlich hatte er gehofft, mit den Wahrheiten, die er auf Erden weiter sammeln würde wie Geld auf einem Konto, im Jenseits irgendwelche Karrierevorteile für sich herausschlagen zu können. Jetzt musste er feststellen, dass es damit nichts wurde. Er ist verzweifelt wie ein Sparkassenkunde, der sich bei der Bank darüber beschwert, dass sich in der Inflation sein Geld in Luft aufgelöst hat. Den Ablasshandel der Katholiken, die sich mit guten Werken bei den Vertretern der Kirche von ihren Sünden freizukaufen hofften, hatte der Protestant Kleist durch einen Handel mit Bildungsgütern ersetzt. Der Fleiß, mit dem er sie erwarb, sollte nach dem irdischen Leben durch die Zinsen ausgeglichen werden, die ihre zeitlose Wahrheit abwerfen würde. Schleiermacher und Boll knüpften die religiöse Erneuerung an das Gefühl. Bevor er Kant las, hielt sich Kleist an einer Bildungsreligion fest, die für den deutschen Kulturprotestantismus typisch wurde. Auf Friedrichs Bildern geht es vorrangig weder um ein Gefühl für die Unendlichkeit noch um die Wahrheit von Erkenntnissen, sondern um die Wahrhaftigkeit des Sehens.

Große Gedanken, wie die Kants, müssen nicht immer in allen ihren verzwickten Ableitungen nachvollzogen werden, um zu wirken, so wenig wie damals ein Untertan irgendeines der vielen deutschen Herrscher sich in Staatstheorie auskennen musste, um zu erfahren, was eine Staatsmacht ist. Der Maler aus dem verregneten Norden, der nie das Licht des Südens erblickte und wahrscheinlich nie einen Blick in Kants *Kritik der reinen Vernunft* warf, mag sich auch deswegen Gedanken über das Sehen, den Schein, die Erscheinung gemacht haben, weil er herausfinden wollte, was es mit dem inneren Bild, das vor ihm auftauchte wie am Nachthimmel der Mond, auf sich hat und welche Bedeutung dieses gemeinsame Zeugnis der sichtbaren Welt und der Einbildungskraft für einen Maler in Hinblick auf die Wahrnehmung der ihn umgebenden Wirklichkeit und das künstlerische Werk besitzt. Woher waren *Der Wanderer über dem Nebelmeer, Die Kreidefelsen auf Rügen, Der Mönch am Meer, Die Landschaft mit Regenbogen, Das große Gehege* gekommen?

Die Bilder, die er malt, entstehen nicht im Auftrag eines Papstes oder weltlichen Herrschers, sie erfüllen keine Vorgaben von Dritten, gewünschte biblische Szenen oder bestimmte historische Ereignisse darzustellen. Mit niemandem muss er Bildprogramme diskutieren. Bei der Wahl seines Sujets ist er relativ frei, beschränkt nur durch seine Fähigkeiten, seine Seherfahrungen und durch eine kritiklos hingenommene künstlerische Eigenheit seiner Zeit, die sich dadurch in die Tradition der europäischen Malerei stellt, dass die Darstellungen realistisch sein sollen, die Gegenstände als solche wiederzukennen. Seine Bilder entstehen nicht auf einer völlig leeren Leinwand, in dem Sinne, dass ein Strich, ein Farbauftrag den anderen ergibt. Was er malte, das hatte, bevor er den Pinsel ansetzte, schon Sinn und Verstand. Er sah etwas, das er erkannte, weil es ihm auf eine gewisse Weise bekannt war. Das Neue, sein Stil schob das Bekannte in eine Ferne, in der es ungewöhnlich erschien, als würde es zum ersten Mal gesehen und dadurch erst in seiner besonderen Erscheinung erkannt werden.

Sehen und Erkennen sind nicht zu trennen. Davon ging der Alltagsverstand aus. Erkenntnis war nicht zufällig eine Folge von Einsicht. Wie die beiden aber zusammenhängen, war ein Problem, über das nachgedacht werden musste. Auf den Bildern, die Friedrich auf den Ausstellungen und in den Ateliers sah, konnte er feststellen, dass und wie Sehen und Erkennen zusammenwirkten. Ein Maler lernt, die Hand zu üben und den Blick zu schärfen für die Modellierungen, für die Schatten und Formen, die Zusammenhänge und die Anordnungen der Linien, Flächen und Farben. Aber das reicht nicht, er muss auch darüber nachdenken, was und wieso er es macht. Die Wahrheit eines Bildes liegt auch in der Wahrhaftigkeit der Darstellung. Nicht jeder gemalte Baum darf mit Fug und Recht ein Baum genannt werden, der in einer Landschaft unter einem bestimmten Himmel steht. Schon beim ersten Blick auf die Produkte seiner Kollegen fallen Friedrich Mängel auf. Das Auge eines aufmerksamen Betrachters sieht in der Natur mehr, als die Bilder zu zeigen in der Lage sind. Wie groß musste dann erst der Unterschied zwischen Bild und Wirklichkeit sein, wenn man davon ausgeht, dass die Darstellungsart der Maler der Erkenntnisfähigkeit des Sehens nicht gerecht wird. Das gilt zum Beispiel für die Perspektive, für den Blickwinkel, für die Anordnung der Dinge. In seinen Gemälde-Betrachtungen schreibt Friedrich:

»Ich glaube nicht, daß die Landschaftsmalerei je so würdig aufgefaßt und dargestellt worden ist, als ihrem Wesen nach geschehen könnte und müßte. Aber ich glaube auch, daß sie ihrem Ziele schon näher gestanden als gegenwärtig, wo man mit Lügen beginnt und mit Lüge endigt, wo man durch Anhäufung von Gegenständen aneinander, hintereinander und übereinander die Bilder überladet, ich glaube Reichhaltigkeit geben will. Denn was die neueren Landschaftsmaler in der Natur in einem Kreis von 100 Graden gesehen, pressen sie unbarmherzig in den Sehwinkel von 45 Graden zusammen. Und was also in der Natur durch große Zwischenräume getrennt lag, berührt sich hier im gedrängten Raume, überfüllt und übersättigt das Auge und macht auf den Beschauer einen widrigen, beängstigenden Eindruck. Und das Element des Wassers zieht immer den kürzeren dabei, und das Meer wird zur Pfütze.«

Auf vielen von Friedrichs Gemälden machen Tiefe und Weite einen metaphysischen, unwirklichen Eindruck. Ein Spaziergänger, der am Ufer des Meeres ausharrt und auf den Horizont sieht, mag von einem erhabenen Gefühl überwältigt werden. Er verliert den Boden unter den Füßen, die Unmittelbarkeit, und gleitet in die Ferne, die ihm den Gedanken durch den Kopf jagt, wie groß und unermesslich die Welt doch sei. Ähnlich fühlt sich ein Wanderer im Gebirge innerlich erhoben, wenn er vom Gipfel in die Täler schaut oder den Blick über die Bergketten schweifen lässt. Die Erhabenheit, die sich einstellt, ist eine Art kleine Entmaterialisierung, die in dem Satz kulminiert, die Welt sei nicht zu fassen.

Die Weite und Tiefe auf seinen Bildern, die kein Kunstprodukt der Perspektive und Blickführung ist, sondern ein Abbild dessen, was Friedrich sah, ersetzt die Erhabenheit, die als Gefühl beim Betrachter kurz auftaucht, um darauf gleich wieder zu verschwinden, durch Metaphysik, eine anhaltende Irritation und Korrektur der existentiellen Befindlichkeit. Eine Landschaft zu sehen wie er bedeutet deshalb nicht, in ihr mehr wahrzunehmen, als sie zeigt, religiöse Zeichen, mystische Hieroglyphen, irgendetwas, das sich mit Bedeutung wie ein Behälter, wie ein Wort füllen lässt, sondern sie so zu sehen, wie sie ist, als etwas Fremdes, Imaginäres, Unwirkliches, ein umfassender und verwirrender Schein, der sich nicht erklären, nicht im strengen Sinne heimisch machen lässt. Dem Betrachter seiner Bilder ergeht es so, als wäre er in einem Film aufgewacht, dessen eigenartiges Licht die einzige Quelle für das Misstrauen und das Staunen ist, das ihn erfasst, dass hier etwas nicht stimmt, dass dies nicht die Wirklichkeit sein kann, die wahre.

17

Friedrich wäre kein naher Verwandter der romantischen Subjektivität, deren Gefahren und Abgründe sich im Wahn und im Traum offenbarten, wenn es nicht bei ihm die Konzentration auf die innere Stimme, das innere Bild gäbe, in denen sich sein Selbst, seine Gefühle bündeln und ausdrücken. Wilhelm von Kügelgen erzählt in seinen *Jugenderinnerungen eines alten Mannes*, dass Friedrich in einen grauen Reisemantel gehüllt malte, unter dem er, so ging das Gerücht, nichts angehabt haben soll. Wenn er malt, ist er in einem gewissen Sinne nackt und schutzlos, als stände er ohne jedes zivilisatorische Kostüm da, das ihn in Sitten und Bräuche, Konventionen und Hierarchien, gerade auch des Blicks, einbinden könnte. Dieser inneren Kargheit entsprechend befinden sich in seinem Atelier nur die nötigsten Dinge, als wollte er sich dem inneren Bild, wie einer hochschießenden verdrängten Erinnerung, möglichst unmittelbar, ohne Ablenkungen stellen.

Aus dem Jahr 1805/06 stammen zwei Sepiazeichnungen, die sich aufeinander beziehen. Sie machen einen ganz modernen Eindruck. Es sind Bilder vom Künstler, vom Sehen. Sie heißen *Blick aus dem Atelier des Künstlers, linkes Fenster* und *Blick aus dem Atelier des Künstlers, rechtes Fenster*. Auf beiden Zeichnungen ist nicht viel zu sehen, nur jeweils ein Fenster. Der untere Flügel steht offen, der obere ist geschlossen. Das rechte Fenster ist nahezu frontal zu sehen, das linke seitlich. An der Wand zwischen den Fenstern hängen ein Spiegel und ein Bild. An der linken Seitenwand des rechten Fensters baumelt eine Schere, an der rechten Seitenwand des linken ein Schlüssel. Hier lehnt an der Wand auch der Malstab, den Friedrich

Blick aus dem Atelier des Künstlers (linkes Fenster), 1805/06

Blick aus dem Atelier des Künstlers (rechtes Fenster), 1805/06

verwendete. Auf der Fensterbank liegt ein Brief, der seinen Namen trägt.

Im kleinen Spiegel zwischen den Fenstern ist das eine Mal sein Kopf zu sehen, das andere Mal die Zimmertür. Der Maler, so lässt sich daraus schließen, steht, als er die Fenster seines Ateliers malt, direkt vor dem rechten, aus dem der Blick auf Schiffsmasten und eine idyllische Uferlandschaft fällt. Im linken Fenster sind Schiffe, Arbeiter und eine Frau zu beobachten sowie ein Teil der Silhouette Dresdens. Großartig ist das Spiel des Lichts auf dem Stein und dem Glas eingefangen, auch in dem Sinne, dass man sofort erkennt, das ist Stein, das ist Glas.

Der Kopf im Spiegel weist den Betrachter darauf hin, dass er genau das sieht, was der Maler gesehen hat. Er steht an dessen Stelle. Die Schere am rechten, mehr frontal dargestellten Fenster ist ein Hinweis darauf, dass dieser Blick nur einen Ausschnitt der Wirklichkeit wahrnimmt. Der Schlüssel am linken, seitlich zu sehenden Fenster verweist auf die Zimmertür, die im Spiegel auftaucht, darauf, dass jeder Blick, eine individuelle Perspektive, nicht von irgendwo in die Welt fällt, sondern aus dem Innern eines Betrachters.

Ein Vergleich der dargestellten Fensterausschnitte mit den tatsächlichen Ausblicken, die sich aus seinen Fenstern ergeben mussten, führte in der Friedrich-Forschung zu der Erkenntnis, dass er auch hier nicht genau malte, was er sah, wenn er aus seinem Atelier hinausschaute. Er komponierte ja seine Bilder aus Skizzen, die er woanders gemacht hat. So taucht auf seinem Gemälde *Ruine Eldena im Riesengebirge* aus den Jahren 1830/34 das zerfallene Greifswalder Kloster überraschend vor Berggipfeln auf, die es dort nicht gibt. Auf diese Arbeitsweise mit Fragmenten, ein zentraler Begriff der Romantiker, die Gegner jeder gedanklichen Systeme waren, scheint, das haben Kenner seiner Kunst hervorgehoben, die Schere hinzuweisen.

Sobald man den Kopf im Spiegel entdeckt hat, werden die beiden Bilder lebendig. Man fühlt sich als Betrachter mit einem Mal beobachtet. Man steht nicht mehr vor zwei Bildern, sondern mitten im Atelier des Malers. Sein Blick im Spiegel zieht den Betrachter dort hinein. Kaum fühlt man sich von ihm ertappt, hat sich eine Beziehung zu ihm hergestellt. Der Betrachter sieht, was der Maler sieht, und er wird dabei vom Maler gesehen. Er steht hinter dem Maler, sonst wäre sein Kopf auch in dem Spiegel zu sehen, und doch kommt es ihm so vor, als stände er vor dem Maler, weil dieser ihn dank dem Spiegel beobachtet.

Man kann in den beiden Bildern eine Darstellung der Selbstreflexion des Künstlers sehen, der sich über das Sehen seine Gedanken macht, aber eben auch eine Darstellung der Kunst als visueller Reflex eines Betrachters, dessen unsichtbare Anwesenheit der Maler mit einkalkuliert hat. Der Betrachter sieht, dass ein Bild, bevor es irgendetwas Bestimmtes darstellt, den Prozess des Sehens sichtbar werden lässt, in dem ein Bild von der Wirklichkeit entsteht, die nicht fest, statisch ist, sondern ein Produkt unterschiedlicher Blickwinkel und Beobachterstandpunkte. Wahrscheinlich gibt es zu Beginn der Moderne im 19. Jahrhundert kein Bild, das so genau erfasst und in Szene setzt, was in der Moderne passieren wird. Die Selbstverständlichkeiten, auf die bisher Verlass war, sind verlorengegangen. Die Welt wird sich in Perspektiven auflösen, in Beobachter und Beobachter des Beobachters.

18

Den inneren Bildern kann Friedrich so wenig ausweichen wie den Träumen, deren Bildersprache der Naturforscher und Schriftsteller Gotthilf Heinrich von Schubert 1814 ein Buch widmet. Es trägt den Titel *Die Symbolik des Traumes* und kommt den intellektuellen Bedürfnissen der Romantiker entgegen. Sie sind von den geheimnisvollen Welten fern des Alltags fasziniert, von den Träumen und vom Wahnsinn, die belegen, auf welch wackeligem Boden sich das bürgerliche Leben vollzieht. Lachen und verzweifeln konnten sie über ihre Mitbürger, die sich auf der sicheren Seite zu wähnen glaubten, ja die nicht einmal ahnten, über welche Abgründe sie ahnungslos glitten. Die einleitenden Sätze von Schuberts Traum-Buch, in dem sich auch ein Kapitel über die Symbolik der Natur findet, weisen voraus auf die ausgefeilte Technik der Traumdeutung Sigmund Freuds, deren intellektuelles Hauptwerkzeug die Assoziation ist:

»Im Traume, und schon in jenem Zustande des Deliriums, der meist vor dem Einschlafen vorhergeht, scheint die Seele zum Theil eine ganz andere Sprache zu sprechen, als gewöhnlich. Gewiße Naturgegenstände oder Eigenschaften der Dinge, bedeuten jetzt auf einmal Personen und umgekehrt stellen sich uns gewiße Eigenschaften oder Handlungen, unter dem Bilde von Personen dar. So lange die Seele diese Sprache redet, folgen ihre Ideen einem andern Gesetz der Association als gewöhnlich, und es ist nicht zu läugnen, daß jene Ideenverbindung einen viel rapideren, geisterhafteren und kürzeren Gang oder Flug nimmt, als die des wachen Zustandes, wo wir mehr mit unsern Worten denken. Wir drücken in jener Sprache durch einige wenige hieroglyphische, seltsam aneinander gefügte Bilder, die wir uns schnell nach einander, oder auch neben einander und auf einmal vorstellen, in wenig Momenten mehr aus, als wir mit Worten in ganzen Stunden auseinanderzusetzen vermöchten; erfahren in dem Traume eines kurzen Schlummers öfters mehr, als im Gange der gewöhnlichen Sprache in ganzen Tagen geschehen könnte, und zwar das Alles öfters ohne eigentliche Lücken, in einem in sich selber regelmäßigen Zusammenhange, der nur freilich ein ganz eigenthümlicher, ungewöhnlicher ist.«

Lag es nicht nahe, innere Bilder als eine Art Momentaufnahme eines traumähnlichen Zustandes zu sehen, der einer meditativen Versenkung ähnelt? Auf jeden Fall steht Friedrichs Rekurs auf das innere Bild im Horizont der romantischen Erkundungen des Menschen und der Natur. Beide verlieren ihre kompakte Statur, die aufklärerische Zuversicht ihnen zuspricht, und beide scheinen von dunklen, geheimnisvollen Kräften durchzogen zu sein, die sie dem Zugriff der Vernunft entziehen. Aus dem klassischen Subjekt, dem geduldigen Sammler und Verarbeiter von Sinnesdaten, wird ein aufgewühltes, absolutes Ich, ein abgründiges, gefühltes Selbst, und aus dem klassischen Objekt, dem geduldigen Boden der Erkundungen und Vermessungen, wird ein eigenständiges, lebendiges Naturwesen, dessen Ausläufer sich bis in den Menschen erstrecken. Das innere Bild ist kein exklusiver Besitz Friedrichs, es ist jedem Maler in einem gewissen Sinne geläufig. Es ähnelt den Bildeinfällen, die vage sein können, wie hinter Nebel gesehen, und den Skizzen, die teilweise oder ganz in der Vorstellung ausgeführt werden und für die Konzeption eines Kunstwerks hilfreich sind. Der Maler, der nicht unmittelbar vor dem Gegenstand steht, den er auf die Leinwand bringen möchte, sondern vor Vorstellungen, inneren Bildern, erinnert bei der Entstehung eines Gemäldes an einen antiken Boten, der eine Kunde von hier nach da übermitteln muss und der sich angestrengt darum bemüht, dass ihm der Wortlaut auf der Strecke, die er zurückzulegen hat, nicht verlorengeht. Es kommt auf die einzelnen Wörter, die aus ihnen geformten Sätze an, weil erst sie die Aussage, die Bedeutung der Botschaft ausmachen.

In den *Serapionsbrüdern*, einer Sammlung von Erzählungen, die zwischen 1819 bis 1821 erscheinen, lässt E. T. A. Hoffmann einen seiner Helden über den fehlenden Zusammenhang von Gefühl und Ausdruck, innerem Bild und Dichtung eine Klage anstimmen, die ganz im Sinne Friedrichs war, der sogar einräumte, dass sein Kunsturteil vom Gefühl, von der Stimmung abhing. »Jeder prüfe wohl«, so heißt es bei Hoffmann, »ob er auch wirklich das geschaut, was er zu verkünden unternommen, ehe er es wagt, laut damit zu werden. Wenigstens strebe jeder recht ernstlich darnach, das Bild, das ihm im Innern aufgegangen, recht zu erfassen mit allen seinen Gestalten, Farben, Lichtern und Schatten und dann, wenn er sich recht entzündet davon fühlt, die Darstellung ins äußere Leben zu tragen.«

Bei Friedrich hatte das innere Bild einen besonderen Status, es gleicht einer Vorlage, einer Vision, die er in allen Details ausführt. Er verändert das innere Bild mit Hilfe seiner Skizzenbücher, aber auch nach dem Eindruck, den das entstehende Werk auf ihn macht. Die Ordnung des Sichtbaren, die sich auf der Leinwand herstellt, muss sich dem Gefühl für das, was er sichtbar machen, was er zeigen möchte, unterwerfen, und umgekehrt muss sich das Gefühl der entstehenden Ordnung anpassen. Untersuchungen seiner Bilder haben ergeben, dass er Korrekturen anbringt, Objekte verwirft und übermalt, die im ersten Anlauf einen Platz auf der Leinwand gefunden haben und ihn offensichtlich dann nicht überzeugten. Sie widersprechen der Idee seiner Vision, deren ganze Kraft und Eigenart sich erst im Bild entfaltet, das vor ihm auf der Staffelei entsteht und ihm real vor Augen führt, was er im Innern sah und seinem Gefühl entspricht, das mit dieser Vision verbunden ist. So verschwanden auf dem Gemälde *Der Mönch am Meer* einige Segelboote, die den intendierten Eindruck der Aussichtslosigkeit und Leere offensichtlich unterliefen. Sie hätten das Meer tief in den Raum hinein geöffnet, aus dem die Hoffnung dann hätte Zuversicht und Kraft schöpfen können, dass eine Flucht und vielleicht eine Erlösung möglich sei. Ohne die Boote stellte sich das Meer in die Vertikale, es sah aus wie eine schwarze, undurchdringliche Mauer, ein radikales Ende der Endlichkeit, von dem der Betrachter abprallte. Er musste sich, wenn er sich vor dieser Aussicht behaupten wollte, etwas anderes einfallen lassen, als vergeblich auf das Recht seiner Sehnsucht zu pochen. Hier noch zu hoffen war ein absurder Akt.

Der preußische Kronprinz, der das Bild 1810 erstand, mochte sich von dem Gemälde Trost versprochen haben. Seine Mutter war gestorben. Aber ob er Trost davor fand? Wen er hier in der kosmischen Einöde am Strand traf, das war ein Mensch in schwarzer Kutte, der sich nicht unterkriegen ließ, der Meer und Himmel die Stirn bot. Dem Pastor Franz Christian Boll wird dieses Bild einen Schauer über den Rücken gejagt haben. Eine Gemeinde ließ sich damit nicht zusammenhalten, ein religiöser Funken in ihr sich nicht davor entzünden. Von diesem Bild aus gesehen, das jede Ahnung von der heilsamen Kraft der protestantischen Gemeinde, die Boll beflügelte, zunichtemacht, muss Friedrich ein religiöser Einzelgänger gewesen sein.

19

Im Jahr 1805 wird Friedrich wegen zwei Sepiazeichnungen der halbe Preis der Weimarer Kunstfreunde zugesprochen, obwohl die Bilder, die er einsandte, nicht die von Goethe gestellte Aufgabe erfüllten. Goethe sieht großzügig darüber hinweg. Seine spätere Hoffnung aber, den Maler für ein Wolkenprojekt zu gewinnen, das Ordnung in die luftigen Erscheinungen bringen soll, zerschlägt sich. Der Pommer lehnt das Angebot ab. Er möchte offenbar die Kunst nicht dafür einspannen, die Natur zu klassifizieren. Mit dem angesehenen Preis in der Tasche ist er für das Publikum nicht mehr irgendwer. Goethe bleibt Friedrich nicht lange gewogen. Er ist von dem Maler enttäuscht, den er in eine mystische Richtung ausschreiten sieht, die er nicht gutheißt, so wie er für die gesamte romantische Bewegung kein Verständnis aufbringen mag.

Im Frühjahr des folgenden Jahres reist Friedrich nach Neubrandenburg, Greifswald und Rügen. Es ist eine seiner vielen Reisen in den Norden. 1801 war er monatelang dort oben. Auf Rügen trifft er sicherlich Ludwig Gotthard Kosegarten, den berühmten Pastor und Dichter von Altenkirchen. Da die Fischer vom Meer nicht wegkommen, wo sie Heringe fangen, da sie ihre Arbeit nicht einfach liegen lassen und in die Kirche gehen können, geht er zu ihnen und predigt ihnen auf den Klippen, eine

Form beherzten Christentums, die Religion und Natur in unmittelbarem Erleben verband. Kosegarten wird unter den deutschen Patrioten etwas in Verruf geraten, weil er sich auf die Seite der Franzosen, der Besatzer schlägt. 1808 wird er Professor für Geschichte an der Universität Greifswald, später für Theologie, und Pastor an der Jakobi-Kirche. Es gab für Friedrich Gelegenheiten genug, sich mit ihm zu treffen und auszutauschen, über Rügen und dessen Geschichte, ein Gespräch, das vor den imposanten weißen Klippen und dem unendlichkeitsseligen Meer einfach und unmittelbar zu führen war, mit schweifenden Blicken und ausladenden Gesten.

Bis in den August 1806 ist Friedrich unterwegs. Die Lage in Mecklenburg verändert sich im November dramatisch. Im Oktober hatten Napoleons Truppen bei Jena und Auerstedt gesiegt und die Alliierten zum Rückzug gedrängt. Das neutrale Mecklenburg wird besetzt und unter französische Verwaltung gestellt. Die Franzosen möchten sicherstellen, dass die Kontinentalsperre greift, die sie im November gegen das feindliche England verhängt haben. Englische Schiffe dürfen dem Dekret zufolge in keine deutschen Häfen, wie Rostock und Greifswald, einlaufen, der Warenverkehr mit England ist eingestellt, Briefe und Pakete mit englischen Empfängern werden nicht mehr zugestellt. Erst 1813 werden die französischen Truppen aus den besetzten deutschen Gebieten abziehen, eine geschlagene Armee.

Sachsen war Ende 1806 dem Rheinbund beigetreten und stand damit auf der Seite Frankreichs. Der sächsische Kurfürst Friedrich August III. wird von Napoleon zum König erhoben und nennt sich jetzt Friedrich August I. Für ihn hat sich der Seitenwechsel gelohnt. Aber auch die Bevölkerung zieht Vorteile aus der Einführung des »Code civile«, der das soziale und wirtschaftliche Zusammenleben neu regelt. Das Zunftwesen wird abgeschafft und die Religionsfreiheit eingeführt.

Mit einem religiösen Bild in diesen politisch aufgewühlten Zeiten beginnt Friedrichs Erfolg als Maler. Im Jahr 1808 stellt er zu Weihnachten das Ölgemälde *Das Kreuz im Gebirge* bei sich zuhause aus. Einen Wanderer in altdeutscher Tracht, der die patriotischen Gefühle der Deutschen wachhält und auf Friedrichs Bildern häufig auftauchen wird, sucht man hier auf dem Bild vergeblich. Eine politisch so aufgeladene Erscheinung jetzt dort unterzubringen, und sei sie noch so klein, wäre in einer Stadt, die mit dem Feind paktiert, offenbar zu gefährlich. Die Diskussion um eine besondere Mode, in der sich ein neues deutsches Selbstbewusstsein ausdrücken soll und die sich sowohl um die Kleidung des Mannes als auch der Frau dreht, läuft seit Jahrzehnten. Entsprechende Modelle liegen vor. Aber erst unter der französischen Besatzung und vor allem in den politisch repressiven Jahren nach den Befreiungskriegen erhält sie neues Gewicht.

Ernst Moritz Arndt veröffentlicht zwar 1814 sein Buch *Ueber Sitte, Mode und Kleidertracht*, in dem er sich vehement für eine Nationalkleidung der Deutschen einsetzt, aber die lebenspraktische Vorsicht mahnt jeden Gleichgesinnten in Sachsen, nur in Gedanken Schnittmuster zu entwerfen und sich höchstens in den eigenen vier Wänden in deutscher Tracht vor den Spiegel zu stellen.

Die Präsentation des *Tetschener Altars* ist eine ungewöhnliche Inszenierung. Das Gemälde hängt nicht an einer Wand, sondern steht bei Friedrich auf einem Tisch in einem abgedunkelten, von Kerzenlicht erleuchteten Zimmer. Eine etwas geheimnisvolle und andächtige Stimmung breitet sich aus, die die Wirkung des Bildes unterstützen soll. Durch den Streit, der sich sofort um das Gemälde entfachte, wurde Friedrich endgültig bekannt. Er habe, heißt es, das Bild aus eigenem Antrieb für den schwedischen König gemalt. Aber nach Schweden gelangte es nie, sondern in die Hände eines Grafen, der für seine Schlosskapelle im böhmisch-sächsischen Tetschen ein Altarbild suchte. Dorthin kam das Gemälde schließlich, weshalb das *Kreuz im Gebirge* auch als *Tetschener Altar* berühmt wurde. Nicht alle Besucher, die es sich im Dezember 1808 ansahen, waren begeistert. Ein Kunstkritiker, der seinen Unwillen gleich zu Papier bringt, heißt Basilius von Ramdohr, von Beruf Kammerherr, ein gebildeter Mann, der Italien bereist hat und sich in der Kunst gut auszukennen glaubt. In einem langen Artikel, der im Januar 1809 in der *Zeitung für die elegante Welt* erscheint, wirft er dem jungen Aufsteiger aus Greifswald vor, die Landschaftsmalerei missbraucht zu haben. Sie diene dem Maler dazu, seinen privaten religiösen Mystizismus zu verbreiten. Er tue mit dem Gemälde so, als sei Gott in der Natur zu finden. Offenbar rechne der Künstler damit, dass Landschaftsbilder in der Kirche landen, wo sie grundsätzlich nichts zu suchen haben.

Der Angegriffene antwortet auf den Kammerherrn in einem Brief vom 8. Februar 1809 an den Philologen und Theologen Johannes Karl Hartwig Schulze, der in Weimar als Gymnasialprofessor lebte und, zum Missvergnügen Goethes, antifranzösisch und deutschnational eingestellt war. Friedrich ist gekränkt und wehrt sich. Vorschriften und Regeln, die Kritiker und Professoren aufgestellt haben, mag er nicht blind übernehmen. Mit Bezug auf eine Forderung Ramdohrs schreibt er, offenbar hätte er, um dem Kritiker zu gefallen, eine kontrastreiche Landschaft zeigen sollen, die krumm und gerade, hell und dunkel, flach und bergig, schön und schaurig sei. Aber er habe seine eigenen Vorstellungen, er möchte sich nicht in die Kunst, wie er sie versteht, reinreden lassen. In dem Brief spricht er von sich in der dritten Person, ganz so, als würde dadurch, was er sagt, objektiver, als gewänne er mehr persönliche Dichte und Autorität:

»Kurz, Friedrich ist ein abgesagter Feind des sogenannten Kontrastes. Sich durch Widersprüche aussprechen zu wollen, findet er verrückt (so nehmen ja die groben glatten Menschen den Kontrast). Jedes wahrhafte Kunstwerk muß nach seiner Meinung einen bestimmten Sinn aussprechen, das Gemüt des Beschauers entweder zur Freude oder zur Trauer, zur Schwermut oder zum Frohsinn bewegen, aber nicht alle Empfindungen, wie mit einem Quirl durcheinandergerührt, in sich vereinigen wollen. Eines muß das Kunstwerk nur sein wollen, und dieser eine Wille muß sich durchs Ganze führen, und jeder einzelne Teil desselben muß das Gepräge des Ganzen haben, und nicht wie viele Menschen sich hinter schmeichelnden Worten und heimtückischer Bosheit verstecken.«

Offenbar fühlt sich Friedrich nicht nur vom Kammerherrn angegriffen. Hier schreibt ein Mann, der eine schlechte Meinung von vielen Menschen hat, die er nicht einmal beim Namen kennt. Ob er aus Erfahrung spricht oder ob sich hier nur Unsicherheit, Misstrauen, Angst zu Wort melden, die einen Außenseiter zu einem Eremiten, einen Sonderling zu einem Misanthropen werden lassen? Schmeichelei und Heimtücke vermuten bei anderen gerne all jene, die nicht in der Lage sind, geschickt ihre Interessen durchzusetzen, ihren Vorteil durch Diplomatie und Anpassung zu suchen. Der freie Kunstmarkt wuchs und förderte unter den Malern die Konformität mit dem herrschenden Geschmack. Die Sturen und Unbeholfenen wurden ausgeschieden, so wie es jede soziale Gruppe macht, die ihr Bestehen sichern möchte. Friedrich ist kein Junge mehr, er ist vierunddreißig Jahre alt, ein Mann, der sich in einer Stadt, in der er nun schon seit zehn Jahren wohnt, und in dem Kunstbetrieb, dem er angehört, gut zurechtfinden müsste. Das fällt ihm offenbar nicht leicht und er rechtfertigt seine Schwierigkeiten damit, dass er ein Künstler ist, einer, der sich auf seinem Gebiet die Regeln selber gibt und nicht Konventionen folgt. Färbt diese robuste Selbstbehauptung nicht auf alle Bereiche ab? »Nur die Beschränktheit herzloser Kunstrichter«, heißt es in dem Brief an Gymnasialprofessor Schulze, »durch deren Schriften schon so manches zarte Gemüt verdorben und erkaltet, können wähnen, daß nur ein einziger Weg zur Kunst führe, und zwar der von ihnen vorgeschlagene.«

Friedrich hält sich für ein zartes Gemüt, verletzlich und sensibel. Gerade weil er hellhörig sich selbst gegenüber ist, kann er fremden Vorgaben nicht nachgeben. Den Regeln widerstandslos folgen heißt, von sich selbst, von der eigenen Natur nicht irritiert, nicht herausgefordert zu sein. Kammerherr von Ramdohr konnte ihm gestohlen bleiben. Er hatte ein Kreuz mit der Rückseite auf einen Berggipfel gestellt und ließ das Licht darauf so fallen, wie er es für richtig hielt. Die Perspektive, in der er die Szene zeigte, folgte nicht irgendwelchen Regeln, sondern Einsichten ins Christentum, die sich dem Kritiker offensichtlich verschlossen.

Der Dichter Novalis ließ sich im September 1799 Schleiermachers gerade erschienenen *Reden über die Religion* aus Jena zu sich nach Hause in Weißenfels bringen. Von Schleiermacher musste er nicht abschreiben, er hatte seine eigenen Ansichten über die Wiedererweckung des religiösen Geistes. Aber es war gut zu wissen, was Schleiermacher dachte. Im November hielt Novalis bei einem Treffen der Romantiker in Jena eine Rede mit dem Titel *Die Christenheit oder Europa.* Es geht darin um die historische Entwicklung des christlichen Glaubens, um die Stärken und Schwächen von Katholizismus und Protestantismus, um die theologische Lage der Gegenwart und um die Hoffnung auf eine wiedererstarkte Religion. Ein Panorama von Ideen lässt sich Satz für Satz aufrollen. Im Vergleich zu diesem sukzessiven Vorgehen sind einem Maler die Hände gebunden, er muss sich kurzfassen und alles auf einmal sagen. Aber er hat gegenüber dem Dichter und dem Philosophen einen Vorteil, er kann unmittelbar zeigen, um was es ihm geht, auch wenn immer ein Risiko bestehen bleibt, trotz des Augenscheins missverstanden zu werden. Der Eindruck, den ein Bild weckt, seine Stimmung, die Nähe zur sichtbaren Welt, wodurch die imaginierte Gegenwart eines Gemäldes an Bedeutung gewinnt, vermag beim Betrachter Gefühle freizusetzen, die auf Anhieb mehr wiegen können als vorgetragene abstrakte Gedanken, die oft nur von wenigen verstanden werden und deren Nachhall sich bald verflüchtigt.

Der *Tetschener Altar* wirkt wie eine heilsgeschichtliche Vision. Zu sehen ist ein hoch aufragender Berggipfel, auf dem einige Tannen wachsen. Ganz oben steht ein Kreuz mit dem gekreuzigten Jesus. Hinter dem Berg, am Horizont verbirgt sich eine Lichtquelle. Das Kreuz ist ihr zugewandt. Das Licht erleuchtet einen dunkelrosa Himmel, der von Wolken verhangen ist. Der

Betrachter sieht das Kreuz nicht von vorne, er steht weit weg vom Gipfel, tief am Hang, an dessen linker Seite, und wahrscheinlich würde es ihm gar nicht gelingen, den steilen Felsen zu erklimmen. Er ist ausgeschlossen von dem, was hier geschah. Die gegenwärtige Zeit kennt nur noch die Überlieferung, sie ist nicht selber Zeuge eines Ereignisses, das den christlichen Glauben verbürgt. Einst weilte Gottes Sohn auf Erden, und mit ihm war Gott unmittelbar unter den Menschen. Seitdem sind 1800 Jahre vergangen. Efeu umrankt das Kreuz, als würde die Natur sich der christlichen Ikone bemächtigen. An die Stelle von Gottes unmittelbarer Gegenwart ist eine etwas geheimnisvolle Natur getreten, ein in seiner Farbenpracht überwältigender Himmel, die Einsamkeit einer Berglandschaft, die der Zeit enthoben zu sein scheint. Der Holzrahmen des Bildes ist mit Engeln und dem Auge Gottes geschmückt und bekräftigt auf diese Weise noch einmal eine Grenze, die Vergangenheit und Gegenwart trennt.

Der Kammerherr hatte mit seiner Kritik nicht völlig unrecht. Die Natur war auf dem Gemälde zum Statthalter des Glaubens geworden. Vor ihr und durch sie sollte der Glaube in neuer Kraft erwachen. Das Bild formulierte keinen theologischen Zweifel. Der Glaube war da und im Grunde lebendig, aber er schien Auslöser für andächtige Empfindungen zu brauchen, neue Bilder für eine religiöse Erweckung, da die alten von der buchstabenseligen Reformation abgeschafft worden waren. Eine religiös gestimmte Landschaftsmalerei sollte in dieser Not weiterhelfen. Was auf dem Bild zu sehen war, das war in einem weiten Sinne romantisch gedacht und gefühlt. »Wenn Gott Mensch werden konnte, kann er auch Stein, Pflanze, Tier und Element werden, und vielleicht gibt es auf diese Art eine fortwährende Erlösung in der Natur«, heißt es in den Fragmenten von Novalis.

Die Theologie von Friedrichs Landschaftsbildern rechnet nicht mit einer Sehnsucht, die irgendwo oder in sich selbst zur Ruhe findet, wie vor einem Andachtsbild oder vor einer Naturdarstellung, die mit der Unendlichkeit kokettiert, als würde Gott dem Betrachter aus dem Grünen zublinzeln. Im Gegenteil, die Bilder provozieren eine Reflexion, und die Frage, was es bedeutet, die Augen aufzuschlagen in einer Welt, die nicht mehr von sich verrät, als ihr Schein preisgibt, deren Schein aber ein Hinweis auf eine verborgene Wahrheit ist. Seine Sehnsucht war Hoffen, Begehren, war der Trieb, die Ordnung des Sichtbaren und das Chaos der Gefühle miteinander zu verbinden, ein existentielles Gleichgewicht herzustellen zwischen dem Auge und dem Herzen. In seinen besten Bildern, nicht alle sind in diesem Sinne gleich großartig gelungen, ist er ein Maler, der Ahnungen aus der Selbstreflexion des Sehens gewann und als Bilder darstellte.

Auf dem um 1808 entstandenen Gemälde *Böhmische Landschaft* ragen zwei Bäume im Vordergrund auf und neigen sich einander zu wie zwei Maler auf einer Wanderung, die in die gemeinsame Betrachtung einer sanft sich in die Ferne schwingenden Landschaft versunken sind. Zwei im Dunst der Dämmerung liegende Berggipfel erheben sich in einen weißen, ganz schwach in hellem Blau schimmernden Himmel, der so einnehmend und kühl wirkt wie ein letzter Abschied mit stoischem Herzen. Die beiden Bäume markieren eine Grenze der Empfindungen und der Erwartungen, dass es auch der stärksten Sehnsucht nicht möglich sein wird, die Welt zu sich heranzuziehen und mit ihr zu verschmelzen. Wenn die Romantiker von einer Einheit mit der Natur schwärmen, folgen sie den Erkenntnissen des Sehens nicht, die sie darauf hätten aufmerksam machen müssen, dass sie dem Schein anhängen und nie über den Schein hinausgelangen werden. Die Einheit, nach der sie sich sehnten, lag in einer Ferne, wo die Dinge ihre Kontur und ihr Wesen verloren. Je näher aber die Dinge dem Betrachter kamen, umso mehr verschlossen sie sich vor ihm und kapselten sich von ihm ab. Die romantische Sehnsucht zieht deshalb von einem Ort zum nächsten, sie findet keine Erlösung und begnügt sich letztlich mit sich selbst. »Leicht bekleidet«, so heißt es in Friedrich Schlegels Roman *Lucinde* aus dem Jahr 1799, »standen Lucinde und Julius am Fenster im Pavillon, erfrischten sich an der kühlen Morgenluft und waren verloren im Anschaun der aufsteigenden Sonne, die von allen Vögeln mit munterem Gesang begrüßt ward. Julius, fragte Lucinde, warum fühle ich in so heitrer Ruhe die tiefe Sehnsucht? – Nur in der Sehnsucht finden wir die Ruhe, antwortete Julius. Ja die Ruhe ist nur das, wenn unser Geist durch nichts gestört wird, sich zu sehnen und zu suchen, wo er nichts höheres finden kann als die eigne Sehnsucht.«

20

Die Wildheit der Natur damals in Deutschland ist kaum vorstellbar. Unerfahrene Wanderer konnten sich schnell verirren. Es gab keine Wanderkarten für jeden Quadratkilometer, nach denen man sich orientieren konnte, keine Wegweiser für Ausflügler an jeder Kreuzung. Die Natur war weder Idylle noch kartierte Landschaft. Sie war eine unbezähmbare Macht, voller Gefahren und blinder Flecken, keine Umwelt, von der man annahm, dass ihr Walten mit Technik, Forschung und Wissenschaft in die Schranken gewiesen werden konnte. Sie war ein unbekanntes Wesen, das sich flüchtig zeigte in Bildern, die ein an der Oberfläche entlangtastender Blick einfing. Von ihrer Gewalt und Unermesslichkeit war in den Metaphern und Assoziationen der Naturliebe nichts zu finden. Wolken, hieß es, sahen aus wie Schäfchen, Berge ruhten majestätisch in sich wie Könige, Abgründe gähnten wie müde Bauern, in den Täler sammelte sich der Frieden wie Honig, die Sonne strahlte in warmer Innigkeit, im Mond saß ein Mann und schob Wache bei Nacht, der Himmel wölbte sich über ein Dorf wie ein schützendes Dach und das endlose Meer kokettierte am Horizont mit der Sehnsucht. Am nächsten Tag aber schon drohten die Wolken mit Blitz und Donner, die Abgründe mit dem Tod, in den Bergen lauerten Sturz, Steinschlag und Lawinen, die Täler wurden überrollt und überschwemmt, die Sonne brannte in täglicher Hitze, der Mond war kalt und tot und im Meer wartete der Schiffbruch. Im Versuch, heimisch zu werden in der Natur, sich dort einzunisten, sollten die Katastrophen die Ausnahmen bleiben.

Die Natur auf Friedrichs Bildern zeigt sich gerade dem Betrachter heute in einem metaphysischen Licht, wie es sich einstellt, wenn das Sichtbare vom Glanz und Sog des Unsichtbaren eingefangen wird, das sich als Stimmung, im erstarrten Staunen spiegelt. Der Gedanke liegt nahe, es sähe dort so aus, weil Gott sich im Dickicht, hinter den Eichen und den Gipfeln, verborgen hat oder wie Dunst über dem Meere schwebt. Und wenn nicht Gott, dann ein Geheimnis, und wenn kein Geheimnis, dann die Natur selber, ihr Geist, ihre Essenz, das Weben und Wachsen, eine unerschöpfliche Energie, die, wie ein Blick auf ein Spinnennetz, ein Blütenblatt bezeugt, einem Plan zu folgen scheint, der nirgendwo verzeichnet ist und sich so lange ungestört erfüllte, bis die Ausbeutung der Ressourcen durch den Menschen dazwischenfuhr und die Ordnung durcheinanderbrachte.

Von dieser Zerstörung war zu Friedrichs Zeit wenig zu ahnen und zu spüren, auch wenn Flüsse begradigt und Lichtungen in die Wälder geschlagen, Wiesen umgegraben und Äcker angelegt wurden und aus den Schornsteinen Rauch in den Himmel stieg. Friedrich fand für diese ersten Zeichen eines drohenden Zerfalls heftige Worte. Die Natur sei »durch Anbau von Wohnungen und widrig sich durchkreuzende Felderabteilungen und Hinweghauung der Wälder«, so heißt es in seinen Gemälde-Betrachtungen, »verhunzt« worden. Aber noch war sie unheimlich genug, um intakt zu sein und intakt zu wirken, noch war sie kein Pflegefall, der sich in eine Apokalypse verwandeln konnte.

Ganz selten trumpft die Natur bei ihm auf mit roher Gewalt. Ein Bild von 1817 heißt *Nach dem Sturm* und zeigt ein an die Küste geworfenes Schiff, und auch auf dem *Eismeer* liegt ein Schiff, zerschellt, in den riesigen Schollen. Aber normalerweise ist es bei ihm still, als sei die Natur ein Raum, in dem keine Zerstörung wütet, die die Dinge in den Abgrund reißt. Bäume biegen sich nicht im Wind zu Boden, Bäche verwandeln sich nicht in reißende Ströme, Steinlawinen lösen sich nicht von Abhängen, Blitze zerfurchen nicht den schwarzen Himmel, Gletscher wälzen sich nicht durch Schluchten, wie auf dem Bild von Carl Gustav Carus *Das Eismeer bei Chamonix* aus den Jahren 1825/27. Auch die Eisplatten auf dem *Eismeer* aus dem Jahr 1823/24 scheinen keine gewaltsame Bewegung zu kennen, sie wirken wie Architektur. Friedrichs Natur hat keine dramatische Seite, von der ein Gefühl unmittelbarer Gefahr auf den Betrachter ausgeht, wie auf Andreas Achenbachs *Ein Seesturm an der norwegischen Küste* aus dem Jahr 1837. Das einzige Drama, das sich auf seinen Bildern zeigt, ist philosophischer, existentieller Art und soll zum fühlenden Nachdenken, zum Innehalten bewegen und nicht das Gemüt erschüttern.

Wie eine magische Welt, die vom Vergehen lebt und in welcher der Tod, so starr und unerbittlich er sich gibt, nur eine Form der Auflösung und Verwandlung ist, steht die Natur bei ihm da. Sie provoziert Gedanken und Gefühle und gehört damit zum Gebiet der menschlichen Selbsterforschung. Wie könnte es anders sein. Sie taucht ja nicht nur als Szenerie vor ihm auf, wenn er durch die Gegend wandert, sondern eben auch auf den inneren Bildern, der Quelle seiner künstlerischen Phantasie, die tief in ihm liegt. »Schließe dein leibliches Auge«, fordert Friedrich, »damit du mit dem geistigen Auge zuerst siehst dein Bild. Dann fördere zutage, was du im Dunkeln gesehen, daß es zurückwirke auf andere von außen nach innen.«

Wenn er auf einem inneren Bild Bäume, Berge, Wolken sieht, dann deswegen, weil er Bäume, Berge und Wolken kennt, er ist ihnen in großer Vielfalt in der Realität begegnet. Auf keinem seiner Bilder löst er sich von ihr völlig. Er hätte, da war er seiner Zeit und ihren Vorstellungen von Malerei verpflichtet, ein Chaos von Formen, so aufregend es sein mochte, nicht auf die Leinwand gesetzt, es wäre in seinen Augen kein Bild gewesen, das gemalt werden sollte.

Modern, seiner Zeit voraus ist er, weil er sich nicht den Gesetzen der normalen Perspektive unterwirft, die von einem festen Standpunkt ausgeht und den Raum kontinuierlich, wie begehbar für den Betrachter, in die Tiefe treibt. Er behandelt den Raum wie ein Panorama, er dehnt ihn in eine unerreichbare Ferne und türmt ihn flächenartig in die Vertikale auf, und dies in einem Wechselspiel, als würden das Gebirge, der Himmel eine Klappe sein, die sich in die Tiefe aufschwingen lässt, nur um sofort wieder in die Vertikale zurückzufallen. Im Vordergrund wächst ein Grashalm, steht ein laubloser Baum, wuchert Dickicht, und in einem Hintergrund, in dem die Gegenständlichkeit sich in Licht, Partikel und Energie aufzulösen scheint, wartet stoisch eine reservierte Unendlichkeit wie ein Fremder auf der Landstraße, der das Dorf, auf das sie zuläuft, nicht betreten wird.

Der Blick wandert auf seinen Bildern nicht gemächlich von vorne nach hinten, als sei die Welt aus einem Guss, auf eine heimische Horizontale hin angelegt und im Gehen und Sehen zu bezwingen. Der Blick bei ihm muss springen, vom Vordergrund zum Hintergrund, zwischen denen eine Kluft zu verlaufen scheint, durch die die Welt in eine verwirrende, unheimliche, manchmal pathetische Vertikale kippt. Die Horizontale, der Lauf in eine lockende Ferne, weckt die Sehnsucht und ruft nach Verschmelzung, die Vertikale, die Aufschichtung von suggestiven Flächen, pocht auf eine nicht zu überwindende Verlorenheit und Fremdheit in der Welt, eine existentielle Überforderung durch eine Macht, die sich als Natur zeigt.

In Ludwig Tiecks Roman *William Lovell*, der 1795/96 erscheint, wird der Held von einem schaurigen Gefühl ergriffen, das ihn sich selbst und der geordneten Welt entfremdet und sich nicht durch Worte oder philosophische Systeme beruhigen lässt, als wäre ein Rad aus seiner Spur gesprungen und ließe sich nicht mehr dort aufsetzen. Der Wagen des Ich droht zu kippen. Dieses Gefühl gleicht einer überwältigenden Erfahrung aus Kindheitstagen, in denen die Sehgewohnheiten den Blick noch nicht blind gemacht haben und im unschuldigen Auge des Kindes sich eine Aussicht in die Natur in ein verstörendes Bild verwandelt. Die Welt wird schlagartig unheimlich, als wäre all das, was auf diesem Ausschnitt zu sehen ist, nur ein Vorhang, der zurückgezogen werden kann und den Blick in eine verheerende Leere freigibt:

»O und wer bin ich selbst? – Wer ist das Wesen, das aus mir heraus spricht? Wer das Unbegreifliche, das die Glieder meines Körpers regiert? Oft kommt mir mein Arm, wie der eines Fremden entgegen; ich erschrak neulich heftig, als ich über eine Sache denken wollte, und plötzlich meine kalte Hand an meiner heißen Stirn fühlte. – Ich erinnre mich aus meiner Kindheit, daß uns die weite Natur mit ihren Bergen in der Ferne, mit dem hohen gewölbten blauen Himmel, mit den tausend belebten Gegenständen wie mit einem gewaltigen Entsetzen ergreifen kann; dann streift der Geist der Natur unserm Geiste vorüber, und rührt ihn mit seltsamen Gefühlen an, die wankenden Bäume sprechen in verständlichen Tönen zu uns, und es ist, als wollte sich das ganze Gemälde plötzlich zusammen rollen, und das Wesen unverkleidet hervortreten und sich zeigen, das unter der Masse liegt und sie belebt; wir wagen es nicht den großen Moment abzuwarten, sondern entfliehn, ohne hinter uns zu sehen, und halten uns an einer von den tausend Kindereien fest, die uns in den gewöhnlichen Stunden interessiren.«

Dieser Eindruck, dass die Natur ein Bild sei, ein Vorhang, der zurückgezogen werden kann und ein Geheimnis freigibt, stellt sich auch vor manchen von Friedrichs Bildern ein, und man mag sich fragen, ob er immer standhielt, wenn er sich vor einem inneren Bild wiederfand, dessen Stimmung ihn erschreckte. Und wenn nicht, ob ihm bewusst war, mit welchen Gründen und Gefühlen er es verwarf und auf ein anderes wartete, dem er gewachsen war und das seinen künstlerischen Interessen entsprach. Auch die inneren Bilder werden zensiert, sie müssen die Grenzwächter der Selbstbehauptung und seiner Zeit passieren, die nur akzeptable, bekannte Formen durchlassen und ungewohnte, verstörende zurückweisen.

Das Gemälde der Welt, die ausgerollte Leinwand der Erscheinungen soll sich auf seinen Bildern zeigen. Das gelingt strukturell durch das Wechselspiel von Vertikale und Horizontale. Seine Gefühle, die bei der Entstehung der Bilder eine zentrale Rolle spielen, kontrolliert und gestaltet er durch künstlerische Gesetze, so wie hochsensible, labile, schwierige Charaktere durch den Alltag, ohne anzuecken, nur kommen, wenn sie sich Regeln für die soziale Kommunikation zulegen, einen Verhaltenskodex, dem sie streng folgen und der Dritten, umgekehrt, ihre Anfälligkeit für Auffälligkeiten manchmal indirekt preisgibt.

Natur als ein in sich geschlossenes Gebiet von Beziehungen ist für Friedrich von höherer, göttlicher Abkunft. Deswegen mussten auf dem Gemälde *Tetschener Altar* nicht die Vorgaben der normalen Perspektive eingehalten werden, wie Ramdohr sofort bemerkte und kritisierte. Die Ansichten der Natur, die einem korrekten Bildaufbau folgen und ein Gefühl von Heimat wecken können, ersetzt Friedrich durch eine Landschaftsdarstellung, in der sich seine Einsicht in den Zusammenhang von Religion und Natur widerspiegelt. Die Hingabe an das Detail gibt er deswegen nicht auf. Durch sie lässt sich der Eindruck einer wundersamen Realität wecken, die gesehen und bestaunt, aber vom Verstand nicht durchdrungen werden kann. Seine Bilder wollen dem Betrachter die Erfahrung schenken, dass Metaphysik, eine höhere Ordnung, mit sanftem mathematischem, geometrischem Druck und Muster die Natur durchwebt.

21

Im Jahr 1810 reichte er nach einem Gespräch mit Friedrich Schleiermacher, der als Mitglied der Sektion für den öffentlichen Unterricht im preußischen Innenministerium auch die Berliner Kunstausstellungen organisiert, zwei Ölgemälde bei der Berliner Akademie-Ausstellung ein, die erneut für Aufsehen sorgen. Er wünscht sich, dass die beiden Bilder nebeneinander hängen, was nicht geschah, sie werden übereinander gehängt. Bei den nahezu gleich großen Gemälden handelt es sich um *Der Mönch am Meer* und *Abtei im Eichwald*. Die Annahme liegt nahe, dass sie aufeinander Bezug nehmen. Es sieht so aus, als würde der Mönch, der auf dem einen Bild nachdenklich und allein vor einem schwarzen Meer und vor einem erst in dunklem und dann in hellem Blau schwimmenden Himmel steht, auf dem anderen, wo kahle Eichen und eine Klosterruine vor einem in hellem gelben Grau und Braun schimmernden Himmel zu sehen sind, von seinen glaubensstarken Brüdern zu Grabe getragen.

Der Mönch am Meer machte auf den jungen Kleist einen verwirrenden und nachhaltigen Eindruck. Kleists Kollegen, die Dichter Achim von Arnim und Clemens Brentano, versuchten, etwas Kluges über dieses Bild zu schreiben, und lieferten bei ihm eine Besprechung ab, die Kleist nicht gefiel und die er sofort umarbeitete, bevor er sie zum Druck gab. Der Text wird am 3. Oktober 1810 in den *Berliner Abendblättern* veröffentlicht, sein neuestes Unternehmen, das sich nicht lange halten wird. Im Frühjahr des folgenden Jahres muss er die täglich erscheinende Zeitung wegen neuer Zensurvorgaben einstellen. Es ist nicht das erste Projekt dieser Art, das er initiiert und das scheitert. Seine Zeitschrift *Phöbus – Ein Journal für die Kunst* war im Dezember 1808 nach einem Jahr und nur zwölf Heften eingegangen. Er hatte sie zusammen mit dem Publizisten Adam Müller herausgegeben, der zu den vielen jungen Männern zählt, die damals mit Worten, Vorträgen und Schriften Fuß zu fassen versuchen in der bürgerlichen Welt, und der sich mit seinen 1806 in Dresden gehaltenen *Vorlesungen über die deutsche Wissenschaft und Literatur* einen Namen errungen hat. Aber geholfen hat dieser Erfolg dem *Phöbus* nicht. Am 21. November 1811, rund ein Jahr nach dem Erscheinen der Rezension über den *Mönch am Meer*, wird sich Kleist, gerade vierunddreißig Jahre alt geworden, am kleinen Wannsee in Berlin erschießen.

Die Besprechung ist ein Dokument der ahnungsvollen Empfindsamkeit, das vielleicht nur dann entsteht, wenn Künstlerseelen aufeinanderprallen und sich verwirrt und gebannt in die

Augen schauen und alles in ihnen zu beben anfängt. Kleist und seine Dichterkollegen sind von dem *Mönch am Meer* überfordert, aber nicht deshalb, weil sich in ihnen nichts rührt. Im Gegenteil, die Provokation ist zu groß. In dieser Not greifen sie zur Poesie, zu Wörtern, die keinen Schutz bieten, mit denen sich keine Mauer ziehen lässt, sondern die ihre Empfindungen verraten. Sie versuchen sich der neuen Seherfahrungen zu bemächtigen, die Gefühle zu fassen, die das Bild bei ihnen hervorruft.

Die ersten drei Sätze in Kleists Text stammen von Clemens Brentano, der die Empfindungen zu beschreiben versucht, die einen Menschen packen, der am Ufer steht und auf das weite Meer schaut, jenes Hin und Her zwischen Sehnsucht und Versagen, wie sich ihm vor diesem Anblick das Herz öffnet und wie es von der Natur wieder verschlossen wird. Er nennt, was hier mit ihm passiert, Anspruch und Abbruch. Kleist ergeht es ganz anders. Er kommt keinen Schritt in das Bild hinein und kann sich deshalb nicht in den Mönch hineinfühlen. Im Gegenteil, er steht vor dem Bild wie der Mönch vor dem Meer, in der gleichen Unmittelbarkeit, als hätten sich Strand, Meer und Himmel aus dem Rahmen des Gemäldes in den Raum geschoben, der Kleist umgab.

»Herrlich ist es, in einer unendlichen Einsamkeit am Meeresufer, unter trübem Himmel, auf eine unbegränzte Wasserwüste, hinauszuschauen. Dazu gehört gleichwohl, daß man dahin gegangen sei, daß man zurück muß, daß man hinüber mögte, daß man es nicht kann, daß man Alles zum Leben vermißt, und die Stimme des Lebens dennoch im Rauschen der Fluth, im Wehen der Luft, im Ziehen der Wolken, dem einsamen Geschrei der Vögel, vernimmt. Dazu gehört ein Anspruch, den das Herz macht, und ein Abbruch, um mich so auszudrücken, den Einem die Natur thut. Dies aber ist vor dem Bilde unmöglich, und das, was ich in dem Bilde selbst finden sollte, fand ich erst zwischen mir und dem Bilde, nehmlich einen Anspruch, den mein Herz an das Bild machte, und einen Abbruch, den mir das Bild that; und so ward ich selbst der Kapuziner, das Bild ward die Düne, das aber, wo hinaus ich mit Sehnsucht blicken sollte, die See, fehlte ganz. Nichts kann trauriger und unbehaglicher sein, als diese Stellung in der Welt: der einzige Lebensfunke im weiten Reiche des Todes, der einsame Mittelpunct im einsamen Kreis. Das Bild liegt, mit seinen zwei oder drei geheimnißvollen Gegenständen, wie die Apokalypse da, als ob es Joungs Nachtgedanken hätte, und da es, in seiner Einförmigkeit und Uferlosigkeit, nichts, als den Rahmen, zum Vordergrund hat, so ist es, wenn man es betrachtet, als ob Einem die Augenlieder weggeschnitten wären. Gleichwohl hat der Mahler Zweifels ohne eine ganz neue Bahn im Felde seiner Kunst gebrochen; und ich bin überzeugt, daß sich, mit seinem Geiste, eine Quadratmeile märkischen Sandes darstellen ließe, mit einem Berberitzenstrauch, worauf sich eine Krähe einsam plustert, und daß dies Bild eine wahrhaft Ossiansche oder Kosegartensche Wirkung thun müßte. Ja, wenn man diese Landschaft mit ihrer eignen Kreide und mit ihrem eigenen Wasser mahlte; so, glaube ich, man könnte die Füchse und Wölfe damit zum Heulen bringen: das Stärkste, was man, ohne allen Zweifel, zum Lobe für diese Art von Landschaftsmahlerei beibringen kann. – Doch meine eigenen Empfindungen, über dies wunderbare Gemählde, sind zu verworren; daher habe ich mir, ehe ich sie ganz auszusprechen wage, vorgenommen, mich durch die Aeußerungen derer, die paarweise, von Morgen bis Abend, daran vorübergehen, zu belehren.«

Kleist ist verwirrt, hellwach, wund und in der Welt verloren, und mag auch ein Rest von Sehnsucht geweckt werden, sie prallt ab von der Wand des Nichts, in die das schwarze Meer sich verwandelt hat. Ihn erschrickt die Mauer der Unendlichkeit und Einsamkeit, die das Bild vor ihm hochzieht, vor dem er steht, als wäre er der Mönch vor dem Meer. Sein Blick schweift nicht in die Weite der Natur ab und bleibt dann am Horizont hängen, in der Hoffnung, an ein Ziel gelangt zu sein, eine Zukunft zu haben. Die Unendlichkeit, die sich ihm hier zeigt, ist eine grenzenlos wirkende Fläche, die sich nach oben und zur Seite hin vor ihm aufrichtet und ausdehnt und nur kurz durch einen zufälligen Rahmen aufgehalten zu werden scheint, wie ein aufschäumender Fluss durch seine Ufer, die er mit Leichtigkeit bald wegspülen und mitreißen wird. So sieht die absolute Aussichtslosigkeit aus, an der er nicht vorbeikommen wird und in deren Bann er dasteht und leben soll. Kleist vermag den Blick nicht abzuwenden, als wäre er vor ein Panorama hingepflanzt, vor eine endlose Bilderfolge, die ihn umschließt und einschließt und ihm die Sinne, die Orientierung und den Halt raubt. Diese fatale und grandiose Wirkung fasst er in die Metapher von den lidlosen Augen. Wenn man nicht mehr blinzeln, wenn man die Augen nicht mehr wie zur Besinnung und Selbstvergewisserung verschließen kann, wenn der sehnsuchtslose Blick ins Leere und Absurde gerichtet bleibt und sich dort, mag sich auch ein lichtes, doch kühles Blau wie aus einem auftauenden Himmel drängen, mit Entsetzen und Grauen festfrisst, dann fällt irgendwann ein erlösender Schuss.

Kein Wort lässt Kleist darüber fallen, dass der Mönch seinen Kopf in eine Hand stützt, wie jemand, der nicht seinem Gefühl folgt, sondern nachdenkt und dadurch ganz bei sich ist. Der Mann in der schwarzen Kutte war von der Unendlichkeit, die sich vor ihm auftat, weder eingeschüchtert noch erschüttert. Er hielt ihr stand, indem er sich seinen Gedanken überließ, die in irgendeiner Weise mit dem stummen Meer und dem überheblichen Himmel zusammenhingen, er kehrte ihnen ja nicht den Rücken. Unwahrscheinlich ist, dass er bei diesem Wetter am Meer spazieren ging, um frische Luft zu atmen, und plötzlich stehen blieb, um über etwas nachzudenken, das ihm gerade eingefallen war, oder dass er, in der etwas wagemutigen Hoffnung, dass der Himmel bald aufklaren würde, hierher gelaufen ist, nur um seine Sehnsucht nach dem Unendlichen zu stillen. Auch die Vermutung, dass er zu dieser unwirtlichen Stunde zum Meer geeilt war in der etwas abstrusen Absicht, Ideen und Gefühle, die ihn bewegten, einem heftigen Eindruck auszusetzen, als wollte er ihre Stabilität testen, war psychologisch wenig plausibel. Fraglich war überhaupt, ob sich das, was hier geschieht, mit Psychologie fassen ließ.

Das Bild macht eher den Eindruck, als sollte etwas inszeniert, ein Gedanke dargestellt werden. Bei solch einer intellektuellen Konstruktion spielt die Psychologie keine Rolle. Der Mönch wird nicht von Demut niedergedrückt, er ist kein kümmerlicher Mensch, der vor der Unendlichkeit zu einem Nichts schrumpft und sich aus dieser Klemme zu ziehen versucht, indem er sich in die Weite verströmt, als wäre er ein melancholischer Romantiker, der von Unruhe erfasst wurde und von einem Ort und Gegenstand zum anderen eilt, unfähig, sich ein

Ziel vorzunehmen und sich mit der Wirklichkeit zu arrangieren. Im Gegenteil, er gewinnt, so wie er hier steht, vor dem schwarzen Meer und dem erst dunkelblauen und dann in der Höhe hellblau aufleuchtenden Himmel an Kontur und Selbstsicherheit, wie sie Kleist in seinem Entsetzen vor dem Bild gerade nicht mehr aufbrachte, oder nur insoweit, als er sich zu einer selbstvergewissernden Deutung hinreißen ließ. Er versuchte seine Gefühle in Worte zu übersetzen und dadurch zu beherrschen. Die Landschaft erhebt sich vor dem Mönch, als wären der Strand, das Meer und der Himmel aus Materie und Energie geformte Flächen, die aufeinandergetürmt sind. Am zerpflückten Rand der hellgrauen Wolkenschicht, in der Mitte des Bildes, dort, wo das Blau narzisstisch aufzulachen beginnt, bricht die Horizontale durch, als würde sich für einen Moment ein Auge öffnen und eine Perspektive freigeben, dass ein Gespräch begonnen werden kann. Der Mann in der schwarzen Kutte steht hier am Strand wie das Sinnbild eines Selbstbewusstseins, das sich vor der übermächtigen Natur durch seine Gedankenkraft zu behaupten vermag.

Dieser Mönch war weniger ein gläubiger Mensch als ein moderner Philosoph, der intellektuell auf den eigenen Füßen stand, weil er seinem Verstand vertraute. Wenn Raum und Zeit, wie Kant in der *Kritik der reinen Vernunft* erklärt hatte, Erscheinungsweisen des Erkenntnisapparats waren, dann konnten sich das Meer und der Himmel noch so sehr aufspielen und auf Weite, Tiefe und Unendlichkeit pochen, sie waren in ihrer Weite, Tiefe und Unendlichkeit Produkte der menschlichen Anschauungsformen. Die Natur schien vor dieser Einsicht etwas zusammenzusacken. Doch schon Kant hatte gegen diesen allzu raschen Triumph Einspruch erhoben. Es blieben Geheimnisse, es blieben Probleme. Nicht nur, dass hinter der Welt der Erscheinungen eine Wahrheit liegen würde, die dem Verstand nicht zugänglich war, das Ding an sich. Auf den Bildern Friedrichs, wo der Blick übers Meer oder eine Gebirgslandschaft zu schweifen versucht, zeigt sich diese Dualität von undurchdringlichem Schein und versteckter Wahrheit im großartigen Vexierspiel eines schier autonomen Hintergrundes, der einerseits abweisend ist wie eine hochgezogene Fläche, andererseits kurzzeitig aufklappt in einen ungeheuren metaphysischen Raum, als würde ein Riesenfisch mit seinen Kiemen einmal tief Atem holen. Auch die Ideen von Freiheit, Gott und Unsterblichkeit schob Kant der Vernunft in den Schoß als einen Schatz, der sich nicht durch den Verstand heben ließ und der den Menschen daran erinnerte, dass er mehr war als ein Teil der Natur, der Welt der Erscheinungen, auch wenn sein Geist nicht alles im Griff hatte.

Da die Gedanken Kants damals alle philosophisch interessierten Zeitgenossen beschäftigten, konnten sie auch einen Mönch, einen Maler zum Nachdenken bringen, und das sah dann so aus, dass ein Mensch, der den Glauben an sich selbst, seine innere Stimme, und an die Unendlichkeit, das Licht der Welt, nicht verloren hatte, am Meer, unter einem hochgespannten Himmel ausharrte und die Macht des Verstandes und der Vernunft vor Ort prüfte. Er ließ sich nicht vom gewaltigen Gemälde der Natur einschüchtern, vor dem er wie ein Maler stand, der sein Werk auf der Staffelei mit einem letzten genauen Blick bedachte. Friedrichs *Mönch am Meer* war ein programmatisches Konstrukt, keine traditionelle und keine romantische

Landschaftsansicht, es war ein Sinnbild moderner, nachkantischer Selbstbehauptung, die die Möglichkeiten und Grenzen von Philosophie und Religion neu definierte. Und es war ein Bild, das entgegen allen protestantischen Ambitionen und Absichten des Malers, die ihn im Gehäuse seiner Zeit festhielten, weit in die Zukunft der Gefühle hineinragte, eine Zukunft, die Kleist in seinem Unglück spürte und in der die leere moderne Welt des Absurden begann.

Friedrich hat in einem Brief aus dem Jahr 1809/10, der nur in einer Abschrift von dritter Hand überliefert ist, aufschlussreiche, nicht ganz eindeutige Worte über den *Mönch am Meer* verloren:

»Da hier einmal von Beschreibungen die Rede ist, so will ich Ihnen eins meiner Beschreibungen mittheilen, über eins meiner Bilder so ich nicht längt Vollendet habe; oder eigentlich, meine Gedanken, über ein Bild; den Beschreibung kann es wohl nicht genannt werden. Es ist nämlich ein Seestük, Vorne ein öder sandiger Strand, dann, das bewegte Meer, und so die Luft. Am Strande geht Tiefsinnig ein Mann, im schwarzen Gewande; Möfen fliegen ängstlich schreient um ihn her, als wollten sie Ihm warnen, sich nicht auf ungestümen Meer zu wagen. – Dies war die Beschreibung, nun kommen die Gedanken:

Und sännest Du auch vom Morgen bis zum Abend, vom Abend bis zur sinkenden Mitternacht; dennoch würdest du nicht ersinnen, nicht ergründen, das unerforschliche Jenseits!

Mit übermüthigen Dünkel, wennest du der Nachwelt ein Licht zu werden, zu enträzlen der Zukunft Dunkelheit! Was heilige Ahndung nur ist, nur im Glauben gesehen und erkannt; endlich klar zu wissen und zu Verstehen!

Tief zwar sind deine Fußstapfen am öden sandigen Strandte; doch ein leiser Wind weht darüber hin, und deine Spuhr wird nicht mehr gesehen: Thörigter Mensch voll eitlem Dünkel! –«

Wenn man in dem »Du« eine Anrede des Mönchs vermutet, liegt es nahe zu glauben, der Maler wolle dem Mönch und indirekt dem Betrachter des Bildes sagen, dass es besser sei, auf eine rationale Erklärung der Geheimnisse der Welt zu verzichten, da die »heilige Ahndung« sich nicht in eindeutige Worte übersetzen lasse. Anders sieht es aus, wenn angenommen wird, dass der Mann im schwarzen Gewand genau das denkt, was der Maler in seinen Anmerkungen zum Bild schreibt. Im ersten Fall hätte der Maler den Gedanken, dass sich Gedanken nicht immer in Worte fassen lassen, in ein Bild übertragen, obwohl er sich genauso gut in Worte fassen lässt, im zweiten stellt er die Stimmung dar von Gedanken, die sich nicht mit Worten fassen lassen und deswegen auf ein Bild angewiesen sind. An den sieben Jahre jüngeren Professor für Theologie in Jena Friedrich August Koethe, der 1806 nach Dresden gegangen war, um dort seine Studien weiterzuführen, schreibt er in einem Brief vom 18./19. August 1810, dass er sich gerade mit dieser Aufgabe, diesem Versuch beschäftige: »Sie verlangen zu wissen was ich jetzt tue und treibe. Das bin ich mit Worten zu sagen nicht instande, vielleicht ist es mir gelungen nach verlauf von einem halben Jahre meine Gedanken auf der Leinewand hingepinselt zu haben und als dan lade ich Sie und alle so wohlgefallen daran finden ein: kommet und sehet.« Er kann nicht sagen, was er denkt, er kann es nur zeigen. Wörter helfen ihm nicht weiter, er braucht das Bild, Atmosphäre, Wirkung und Gefühle.

22

Ein abtrünniger Mönch, der am Meer stand und dem der alte Glaube zu Ruinen zerfallen war, würde im übertragenen Sinne zu Grabe getragen werden von seinen Glaubensbrüdern, die selber nicht merkten, dass die dogmatische christliche Welt der Theologen unterging. Auf dem zweiten Gemälde, das Friedrich zur Ausstellung einreichte, ist die Ruine einer Abtei zu sehen, die von abgestorbenen Eichen umstanden ist wie von einem stummen Chor. Die winzig kleinen Mönche, die hier mehr wuseln als laufen, sind Teil einer Totenlandschaft. Sogar der Himmel in hellem Braungrau wirkt, als wäre er von Nebel überzogen und nahezu verschlossen. Die ganze Welt gleicht einem Grab, das von den letzten schwachen Strahlen eines untergegangenen Glaubens, als wäre in ihm ein Funken von Wahrheit, in ein düsteres, unwirkliches Licht getaucht wird. Kleist hat über dieses Bild kein Wort verloren. Er stand vor dem Mönch und kam von dem Mönch nicht mehr los, und wenn er einen Blick warf auf das Bild, das in der unmittelbaren Nachbarschaft des *Mönch am Meer* hing, dann hielt es den Blick offenbar nicht fest und zog ihn nicht in das Bild hinein. Was er hier sah, war eine alte Welt, in der er nicht lebte, *Der Mönch am Meer* war die neue, die Gegenwart, in der das Leben schwer war, einsam, frei und haltlos, und absurd wurde. Die Moderne, die kommen wird, begann mit der Romantik, die die philosophischen und theologischen Systeme der Tradition ablehnte und an ihre Stelle die poetische Reflexion, die Ästhetisierung der Welt setzte, die verlockende Haltlosigkeit eines neuen Lebensgefühls.

Wer die beiden Gemälde als Einheit sieht, der spürt eine bittere Komik. Die winzigen Mönche im Eichwald sehen aus wie Krähen, die auftauchen, wenn Lebendiges verwest. Der surreale, apokalyptische Eindruck des Bildes verstärkt seinen sinnbildhaften Charakter. Seine Botschaft lautet, dass der traditionelle kirchliche Glaube sich überlebt hat. Zeitgemäß und modern ist dagegen der Skeptiker in der schwarzen Kutte am Meer, in dem der Maler sich selbst vielleicht ein Porträt gesetzt hat. Über die *Abtei im Eichwald* bemerkt er in jenem, nur von dritter Hand überlieferten Brief aus dem Jahr 1809/10: »Jezt arbeite ich an einem grossen Bilde, worin ich das Geheimnis des Grabes, und der Zukunft darzustellen gedenke. Was nur im Glauben gesehn, und erkannt werden kann, und dem endlichen Wissen der Menschen ewig ein Rätsel bleiben wird: (mich selbst ist was ich darstellen will, und wie ich es darstellen will, auf gewisse Weise ein Rätsel).« Er versucht etwas im Bild zu zeigen, das sich einer stringenten Erklärung entzieht, aber das suchende Denken und Fühlen bewegt.

Die Mönche auf dem Gemälde mit der Abtei scheinen zu wissen, was sie tun. Aber die Atmosphäre ist mysteriös. Sie wissen nicht, was die Zukunft bringen wird und was nach dem Tod kommt. Ihre Glaubensgewissheit gleicht einem Nebel, der schwer auf der Erde liegt und die Mönche zu irdischen Wesen macht, die einen freien Blick in den Himmel nicht riskieren. Von der Abtei, einst ein Ort stabiler theologischer Wahrheit, sind nur noch Ruinen übrig. Die Mönche bemerken den Verfall nicht oder er scheint ihnen in ihrem dogmatischen Wahn egal zu sein. Der Skeptiker am Meer weiß, dass religiöse Wahrheit die Kraft der Vernunft übersteigt und sich möglicherweise in der Natur zeigt. Beide Gemälde vermitteln den Eindruck, als versuche Friedrich einen tiefgreifenden geistigen Wandel festzuhalten. Porträtierte er sich selbst auf diesen Bildern? Ist der Künstler in seinen Augen eine Art Mönch, der mit der Kunst einen religiösen Dienst verrichtet?

Er lebt bescheiden, ärmlich. Sein Atelier, schrieb Wilhelm von Kügelgen, »war von so absoluter Leerheit, daß Jean Paul es dem ausgeweideten Leichnam eines toten Fürsten hätte vergleichen können. Es fand sich nichts darin als die Staffelei, ein Stuhl und ein Tisch ...«

Auch Gotthilf Heinrich von Schubert hat einen Besuch bei dem Maler festgehalten:

»Friedrich wohnte draußen an der Pirnaischen Vorstadt in einem nahe bei der Elbe gelegenen Hause, welches, wie die meisten Häuser in der Nachbarschaft, Leuten von geringem Vermögen zugehörte. Die Einrichtung in seinem Zimmer schickte sich ganz gut zu dieser Nachbarschaft; man sah da nichts als einen hölzernen Stuhl und einen Tisch, auf welchem die Gerätschaften seiner Arbeit standen. Kam einer zu ihm, den er wollte sitzen lassen, dann wurde aus der Kammer noch ein alter hölzerner Stuhl, und wenn zwei kamen, eine hölzerne Bank von dem Vorplatz bei der Treppe hereingetragen. Denn in der Kammer fand sich außer dem alten Suhl auch nichts, als ein diesem ebenbürtiger Tisch und ein Bett, über welches eine wollene Decke ausgebreitet war.«

Kunst war für Friedrich ein Exerzitium. Die Hand, die den Pinsel hält, liegt beim Malen auf einem langen dünnen Stock. Es kommt auf Genauigkeit an, auf sichere Linienführung, feinen Farbauftrag, Lasuren, die Lichteffekte erzeugen und Durchlässigkeit. Er malt mit großer Geduld. Auf manchen Bildern, wie auf der *Winterlandschaft mit Kirche* von 1811, dem *Kreuz im*

Walde von 1813 oder auf dem *Kreuz an der Ostsee*, wahrscheinlich aus demselben Jahr, scheint diese Geduld mit den Dingen, mit ihrem Schein, umzuschlagen in den Versuch, irreale Erscheinungen, Visionen, durch Detailtreue wirklich werden zu lassen. Im schlimmsten Fall solcher künstlichen Welten schweben Kirchenfassaden durch den Nebel wie eine Mahnung aus dem Jenseits, Reue zu üben und zur Umkehr und Einkehr bereit zu sein. Offenbar hat ihn bei diesen Bildern ein religiöser Furor gepackt, als habe ihn, weil er sich mit der modernen Freiheit des Denkens zu sehr eingelassen habe, ein unvermutet aktiviertes pietistisches Schuldbewusstsein zu diesen schwammigen Bekenntnissen angestachelt.

Ohne eine getreue Abbildung der Dinge lässt sich in Friedrichs Augen die Wirklichkeit nicht formen, überhöhen und in ein Bild verwandeln, bei dem es um existentielle Stimmungen, um eine philosophische Deutung geht. Das Bild reproduziert die Wirklichkeit als Schein und Struktur und lässt auf diese Weise sichtbar werden, dass in den Tiefen der Gegenwart ein Geheimnis liegt. Friedrich trennt den Hintergrund vom Vordergrund und rückt dadurch die Bedeutung des Sehens in den Mittelpunkt. Ein Baum, der vor einer Landschaft steht, isoliert sich, und zwar nicht nur zu einem Objekt, das die Aufmerksamkeit des Betrachters auf sich zieht, sondern zu einer individuellen Erscheinung von visuellem Gewicht. Er gewinnt, stellvertretend für jedes Ding, jede Existenz, an lebendiger Dichte, indem er sich aus seiner Umwelt herausstellt, wie wenn Kerzenlicht auf eine Buchseite fällt und die Möglichkeit eines sinnvollen Textes, eines verschlossenen Inhalts ahnen lässt. Friedrichs Bilder sind das Ergebnis eines dialektischen Spiels mit der Wahrnehmung, oder sie sind, wenn der Drang zur programmatischen Botschaft federführend ist, Folgen einer pietistischen und politischen Absicht. Das eine Mal ist er philosophisch, das andere Mal engstirnig, das eine Mal modern, avantgardistisch, das andere Mal zeitgenössisch, gruppenbezogen.

Noch lebte er allein, ein Junggeselle, der in einer visuellen Sprache spricht, die nicht in einem beschränkenden Sinne verstanden, in Gedanken übersetzt, sondern gefühlt, in ihren Stimmungen erfasst sein möchte, wie ein romantisches Gedicht. Wenn Menschen des Wortes ihn besuchen, muss er das Register wechseln und eine Sprache verwenden, die für seine Innenwelt nicht geeignet ist. Er kann sagen, was er vorhat, was ihn bewegt, wie er die Dinge sieht. Aber er wird sich letztlich dabei vorkommen wie ein Reisender, der von fremden Gegenden erzählt, die er mit eigenen Augen gesehen hat, und mit jedem Wort immer deutlicher merkt, wie weit weg er im Gespräch gerät von der Erfahrung, die er in der Fremde gemacht hat. Über Politik kann man reden. Steht er mit Malerkollegen zusammen, können sie sich über Kunst austauschen, indem sie einander ihre Werke zeigen, sie können über Techniken diskutieren, über Farben, Formen. Aber sich selbst im Reden offenbaren, die innere Stimme in einen lauten Monolog übersetzen, das kann er nicht. Dafür braucht er Bilder und Stille.

Es wird Zeit, dass er eine Frau findet, die das Leben mit ihm teilt, soweit eine Frau das Leben mit einem Künstler teilen kann und darf, Friedrich hat auch hier seine eigenen Vorstellungen, und die ihn mehr in den Alltag zieht, in eine stabile Gemeinsamkeit und Vertrautheit. Aber eine Frau, die mit einem in sich versponnenen, wortkargen und in vielen seiner Ansichten, über soziale Rollen, Religion, Politik, festgefahrenen Mann zusammenleben möchte, muss erst einmal gefunden werden.

23

Als Friedrich in Dresden ankam, 1798, mietete er sich ein Zimmer bei einer Witwe, die Zimmer vermieten musste, um sich und ihre Kinder durchzubringen. Er hat sich dort manchmal wie ein Rabauke aufgeführt, sehr kindisch, und das mit sechsundzwanzig Jahren. Er schreibt in einem undatierten Brief aus dem Jahr 1800, wahrscheinlich im September abgefasst, seinem Kieler Freund, dem Maler Johan Ludvig Lund, er sei »sehr Munter und weiß oft vor Dolheit nicht was ich anfangen soll, vor einiger Zeit kamm ich auf einen Dollen Einfall, ich wollte nemlich wissen obs woll möglich wäre wen ich mich recht hertzhaft in mein Bette würfe durch und durch zu fallen, ich probierte es, und glücklich brach ich durch ...« Der Weg bis zum Dresdner außerordentlichen Professor 1824 ist noch lang. In den ersten Jahren verdiente er sich als Maler Geld mit Prospektmalerei. Er brachte sich das Zeichnen mit Sepia-Tinte bei und wurde hier sehr gut, und er lernte mit Ölfarben immer besser umzugehen und wurde rasch ein erfolgreicher Landschaftsmaler. Der patriotische Herzog von Sachsen-Weimar, Carl August, Goethes Dienstherr, gehört 1810 zu denen, die seine Bilder schätzen, und kauft gleich fünf.

Ende 1809 war sein Vater gestorben. Aus jenem Jahr soll das Gemälde *Landschaft mit dem Regenbogen* stammen. Rechts am Rand, ungefähr auf der Höhe des Horizonts, der das Bild in zwei fast gleich große Hälften teilt, steht ein Mann mit einem schwarzen Hut auf dem Kopf. Er ist der Schäfer einer Schafherde, zu der er offenbar in diesem Moment den Kontakt verloren hat. Eine Aussicht fesselt seine Aufmerksamkeit. Die Schafe möchten darauf keine Rücksicht nehmen, sie lassen den Schäfer auf der Erhöhung stehen und laufen die Senke hinunter, mag er nachkommen oder nicht. Der Schäfer stützt sich auf einen Stock, als würde er hier noch eine Weile stehen bleiben wollen. Er hat sich seinen Mantel um die eine Schulter gehängt und schaut über die grünen Wiesen, die gelben Felder und ein Gehöft hinaus aufs Meer, es könnte auch ein sehr großer See sein, auf einen inselartigen Landstreifen, hinter dem sich ein fernes bergiges Ufer abzeichnet. Der Himmel ist bedeckt, es könnte sein, dass es bald regnen wird, aber auf einigen Feldern, Wiesen und dem Wasser liegt die Sonne und lässt die Farben erstrahlen. Vielleicht ziehen die Wolken ja auch wieder weg. Über die Landschaft und über fast das ganze Bild erstreckt sich diagonal ein Regenbogen, dessen Farben nicht ausgeprägt sind, er ist fast weiß wie reines Licht. Er spannt sich vom Schäfer, auf Kopfhöhe, in einem flachen Bogen dahin und verliert sich über dem dunkelblauen Wasser im hellgrauen Himmel. Diesem Bogen entspricht der leichte Abfall des Landes, von der Anhöhe, auf der der Schäfer verharrt, bis hin zum Wasser. Die Form, die beide Linien bilden, gleicht einer Linse. Deutlicher kann der Hinweis nicht sein, dass im Bild das Sehen thematisiert wird. Die Malerin Caroline Bardua sah das anders und teilte Goethe in einem Brief Ende des Jahres 1809 mit, Friedrich habe sein, Goethes, Gedicht *Schäfers Klagelied* gemalt. Das Gedicht war

1804 veröffentlicht worden und beschrieb den Schmerz, den ein Schäfer spürt, weil die Frau, in die er verliebt ist, weggezogen war.

Aber davon, wie sich ein Schäfer fühlt, ist auf dem Bild nichts zu sehen. Der Himmel ist zwar aufgewühlt und verhangen, aber die Farben der Erde leuchten. An einer Stelle dort oben, die nicht zu sehen ist, bricht die Sonne durch und scheint die Vergangenheit in den reinen Augenblick der Wahrnehmung aufzulösen. Es liegt nahe zu vermuten, dass ein Mensch, der in die Betrachtung der Ferne versunken ist, von Wehmut oder Sehnsucht erfüllt ist und dass auch der Schäfer auf dem Bild von diesen Gefühlen bewegt ist und deswegen seinen Schafen nicht hinterhereilt. Vielleicht würde sich dieser Eindruck auch einstellen, wenn nicht der helle Regenbogen wäre, der mit der Landschaft die Form einer Linse bildet und damit den Schäfer sofort seines Berufs enthebt und ihn in einen Betrachter verwandelt, der nichts anderes macht, als zu schauen. Der Schäfer steht vor einer Landschaft, deren Ausdehnung in den Raum durch die Farben, in denen sie aufleuchtet, wie zurückgenommen scheint. Aus Wiesen, Feldern, Meer und Himmel werden Flächen, die weniger hintereinander gestaffelt sind als dass sie übereinander liegen, wodurch die Ansicht der Natur, die sich hier eröffnet, wie ein Bild wahrgenommen wird. Der Betrachter im Bild und der Betrachter vor dem Bild rücken ganz nahe zusammen. Die Frage, was den Schäfer innerlich bewegt, wird von der Frage abgelöst, was er sieht, wenn er sich auf das Bild konzentriert, das ihm vor Augen liegt, und sich dabei nicht ablenken lässt durch eine den Bildeindruck zerstörende schlichte Aufzählung und Benennung der Dinge, die er erkennen kann,

Hof, Baum, Schafe, Wasser, Küste und Wolken. Die banale Ausflucht in Aufzählung und Benennung würde das Gefühl verletzten, das die reine Wahrnehmung von Formen, Farben und Flächen erzeugt.

Sechs Jahre später, 1815, wird Joseph Anton Kochs Gemälde *Heroische Landschaft mit Regenbogen* in der Dresdner Akademie unter Beifall ausgestellt. Friedrich mag Kochs Bilder nicht. Der sechs Jahre ältere österreichische Maler verbrachte fast sein ganzes Leben in Rom, wo er zu den Nazarenern gehörte, einem katholischen Künstlerbund, der Antike und Christentum, italienische Renaissance und deutsches Mittelalter verschmilzt. Eine gesuchte und inszenierte Innigkeit von Nord und Süd findet ihr Symbol auf Kochs heroischer Landschaft in einem hohen halbkreisförmigen Regenbogen, der Mensch und Natur wie ein Gütesiegel überspannt und den Eindruck erweckt, dass religiöse Zufriedenheit eine Form stiller sinnlicher Betörung sei. Der Gegensatz zu Friedrich konnte nicht radikaler sein.

Mit dem Maler Georg Friedrich Kersting begibt er sich im Sommer 1810 auf eine Wanderung durch das Riesengebirge. Kersting ist elf Jahre jünger und stammt aus Güstrow. Auch er hat in Kopenhagen an der Kunstakademie studiert. Die beiden lernen sich in Dresden kennen. Kersting, der jetzt neben seinem knorrigen Kollegen durch das Riesengebirge marschiert, wird sich als Maler vor allem dem Interieur widmen, dem Leben in den vier Wänden, der zufriedenen Zurückgezogenheit. Seine Landschaftsbilder sehen heimelig aus, wie Illustrationen aus Kinderbüchern. Hier wühlt kein religiöses, kein philosophisches Gefühl, kein moderner Affekt. Für diese Ruhe nach dem Sieg über Napoleon wird es einen Namen geben, das Biedermeier, jene Jahrzehnte bis zur Revolution von 1848, in denen die Zeitgenossen die Lektüre von Schopenhauers kongenialem pessimistischen Hauptwerk *Die Welt als Wille und Vorstellung* verschlafen. Hier hätten sie nachlesen können, dass die Natur des Menschen, sein individueller Charakter, sein Schicksal war und dass es für ihn keinen Ausweg gab aus dem Mahlstrom des Lebens, dem Wühlen des Werdens und Vergehens. Mehr Wahrheit als diese war nicht zu erlangen.

Aus dem Jahr 1810 stammt Friedrichs Gemälde *Gebirgslandschaft mit Regenbogen.* Hier steht ein Mann, recht klein, einsam im Gebirge. Ganz vorne, fast am Rand und nahezu in der Mitte des Bildes lehnt er sich an einen Felsen. Mit beiden Händen stützt er sich auf einen Stock, die kongeniale Haltung reflektierenden Betrachtens. Eine Bank wäre auch gut, aber eine Bank gibt es hier oben nicht. Sein Hemd ist rot, seine Hose weiß. Ein schwarzer Hut liegt neben ihm auf dem Boden, ganz so, als habe er sich nach seiner Wanderung erschöpft ins Gras gesetzt und den Hut neben sich auf den Boden gelegt. Da saß er und verschnaufte, bis es mit einem Mal dunkel wurde und sich am Himmel eine eigenartige Erscheinung abzeichnete, die ihn veranlasste aufzustehen. Er ist in mittleren Jahren und sicherlich gut bei Kräften, sonst hätte er sich nicht ohne Rucksack und Proviant ins Gebirge gewagt. Er schaut in das Bild hinein, über eine Schlucht, über ein Tal hinweg zu einem Berg, der sich aus der weiten Gebirgslandschaft erhebt. Dieser Berg sieht aus wie ein grimmiger Wächter, der aus leicht zugekniffenen Augen einen strengen Blick in die Runde wirft. Die Berge, die Schlucht, das Tal, die Bäume, der Himmel, die Wolken, alles ist in einen bräunlichen Ton getaucht, mit hellen grünen Flecken dort, wohin das Licht fällt, und grauen Schlieren am Himmel. Die Natur bildet eine dunkle Einheit. Der Mann in Rot und Weiß wirkt hier wie ein Fremder. Ihn fesselt ein seltsames Phänomen. Ein Regenbogen zieht sich über die Landschaft, über das ganze Bild. Ein solch seltenes nächtliches Phänomen kommt schon in den Schweizer Bergen in Schillers *Wilhelm Tell* aus dem Jahr 1804 vor. Hell ist es dort, wo der Mann sich an den Felsen lehnt. Bis hierhin reicht das Licht des Mondes, das den fast weißen, etwas gelblichen und bläulichen Regenbogen entstehen lässt, der sich nicht hoch hinauf wölbt, sondern die Form einer halben Linse hat. Erst durch das Licht von irgendwo und die Sehkraft der Augen werden die Farben der Natur sichtbar. Die Welt wird aus der Dunkelheit befreit und macht jetzt auf den Menschen einen heimischen Eindruck.

Der Mann mit der weißen Hose und dem roten Hemd mag, wie der schwarze Skeptiker am Meer, ein Selbstporträt des Künstlers sein, der von seiner Individualität, wie sie sich in seinen Gesichtszügen zeigt, völlig absieht und sich stattdessen als einen Betrachter der Natur darstellt, als einen Draufgänger, der die Auseinandersetzung sucht und im Gebirge herumwandert, bis die Nacht einbricht und er Zeuge wird eines wundersamen Phänomens, das sich nicht oft beobachten lässt. Doch auch wie beim *Mönch am Meer* kommt man mit Psychologie hier in den Bergen nicht weiter, wo es um intellektuelle Selbstbehauptung geht vor dem undurchdringlichen Schein einer metaphysischen Natur.

Besondere Erfahrungen dieser Art mag Friedrich selbst auf seinen Wanderungen gemacht haben, die er in Gesellschaft oder allein unternahm. Hier sog er sich nicht nur voll mit Eindrücken, hier füllte er nicht nur seine Skizzenbücher. Er verliert sich und gewinnt sich hier draußen, und dies dank der Intensität der Erlebnisse, die auf eine Antwort drängen, was es mit der Natur auf sich hat. Sie wird ihm vorgekommen sein wie ein selbständiges Wesen, ein riesiges Tier, in dessen Fell er herumkrabbelt, ohne genau zu wissen, wo er sich befindet. Er hört nur den Atem, merkt ein Pulsieren, ahnt ein Leben, einen Geist.

Ende August 1826 kam der österreichische Dichter Franz Grillparzer für ein paar Tage nach »Drääsden«, wie er in seinem Tagebuch schreibt. Nachts, schlaflos in einem Gasthof, fragte er sich, was er hier wolle, warum er überhaupt in Deutschland sei. In den nächsten Tagen ging er zu Ludwig Tieck und in die Gemäldegalerie. Am 2. September, krank vom »Herumjagen in den Galerien«, beschließt er, »um elf Uhr nach Tharandt zu fahren, um doch noch etwas von der gerühmten schönen Natur um Dresden zu genießen.« Er wird nicht enttäuscht:

»Einige Götterstunden verlebt. Die Gegend ist paradiesisch, die Aussicht von den Ruinen über allen Begriff. Ich weiß nicht, war es die Gewohnheit der letzten Tage, in Galerien heimisch zu sein, oder liegt es im Eigentümlichen der hiesigen Natur, daß jede einzelne Aussicht sich mir so sehr als ein Gemälde darstellt. Ich habe das wohl nie in so hohem Grade erfahren.«

Diesen Eintrag Grillparzers, der in Italien gewesen war, bevor er durch Deutschland reiste, sollte man im Sinn haben, wenn man vor Friedrichs Landschaften steht und ihre künstliche, metaphysische Natur bewundert. Grillparzers Beobachtung erinnert an die erwähnte Kindheitserinnerung William Lovells aus Tiecks gleichnamigem Roman. Auf seinen Wanderungen, nicht nur in der Sächsischen Schweiz, scheint Friedrich die Welt wie eine Abfolge von Gemälden vor Augen getreten zu sein und hat sich ihm deshalb sofort in jener distanzierten, philosophischen Stimmung einprägen können, deren erschreckende Seite Kleist vor dem *Mönch am Meer* gespürt hat.

24

Steht eine programmatische Idee allzu sehr im Vordergrund, und nicht ein Gefühl, wird das Bild etwas steif, wie die *Gartenterrasse* aus dem Jahr 1811/12. Die Idee zurrt das Gemälde unter ihrer Regie zusammen und schiebt sich damit in den Vordergrund, statt sich in Stimmungen aufzulösen, wie wenn sich eine Erklärung, die zu Herzen gehen müsste, mit Argumenten begnügt. Es sieht so aus, als hätte Friedrich neben die Heilsgeschichte des *Tetschener Altars* eine Geschichtsphilosophie der *Gartenterrasse* zu setzen versucht. In beiden Fällen spielt die Natur, wie er sie sah, eine entscheidende Rolle. An ihr wird sich, 1800 Jahre nach dem Erscheinen Gottes auf Erden, das religiöse Gefühl entzünden, und vor ihr wird sich, den klassischen Vorbildern und romantischen Sehnsüchten zum Trotz, die Kunst behaupten.

Ein Park ist zu sehen, angelegte Wege, geometrische Rasenflächen. Zwei Bäume, die im Vordergrund stehen und zu einer Allee gehören könnten, fangen den Blick des Betrachters ein und leiten ihn in die Ferne. An einem der beiden Bäume sitzt auf einem hölzernen Hocker eine junge Frau. Offensichtlich ist ihr warm. Die Sonne scheint, und die junge Frau hat hier Schatten gesucht. Neben ihr, über einen Korb gelegt, liegt ein roter

Umhang. Sie hat sich ihr Haar hochgesteckt und trägt ein langes dunkles Kleid, als habe sie sich für einen Ausgang in die Stadt, vielleicht zum Einkaufen, und für einen anschließenden Besuch der Terrasse, wo sie im Grünen sitzen kann, zurechtgemacht. Sie ist in ein Buch vertieft. Die Beobachter der Szene mögen sich selbst dabei ertappen, welche Lektüre sie instinktiv der jungen Frau zutrauen, ein Lehrbuch der Physik oder ein Buch der schönen Literatur. Männer, die ihre Nase in ein Buch stecken und lesen, finden sich nicht auf Friedrichs Gemälden, soweit sie die deutsche Geschichte überstanden haben, nicht verschwunden sind oder zerstört wurden.

Eine niedrige Mauer schließt die Terrasse ab. Wie eine Balustrade schiebt sie sich vor eine Aussicht, die über ein mit Bäumen bestandenes Tal geht und sich in eine Berglandschaft verliert, die vom lichten Blau der Ferne überflutet wird. In die Mauer eingelassen ist ein Tor, von zwei liegenden Steinlöwen bewacht. Fast in der Mitte des Bildes steht eine weibliche Steinfigur in wallendem Gewand auf einem Sockel, der sich auf einem runden Rasenstück befindet. Sie schaut nicht über die Mauer in die Ferne, in die Zukunft, sondern, schräg an der lesenden Frau vorbei, in den Garten und, darüber hinaus, in eine Gegend und eine Zeit, die im Rücken der Gegenwart, hinter dem Betrachter liegt, den sie keines Blickes würdigt. Der Gipfel des höchsten Berges im Hintergrund liegt mit ihrer Gestalt auf einer Senkrechten, die das Gemälde in fast gleich große Hälften teilt. Auf der einen Seite sitzt die junge Frau und liegen die zwei Steinlöwen am Tor in ihrer ganzen körperlichen Präsenz, die andere ist erfüllt von der Energie, die vom Blick und dem rechten Arm der antiken Figur ausgeht, so dass zwischen den Hälften dank unterschiedlicher Mittel, Materie hier, Vision dort, sich ein Gleichgewicht herstellt. Der Park ahmt nicht die unberührte Natur nach, er ist von Menschenhand geformt, so wie Einfälle aus unzugänglichen Tiefen kommen und nur gefasst werden können, wenn sich aus ihnen eine Idee mit Struktur herausbilden lässt.

Das Gemälde teilt sich nicht nur horizontal in Hälften, sondern auch vertikal und zeigt damit zwei Vorstellungen und Ordnungen von Natur, eine von Menschenhand geformte und eine göttlich gegebene. Die eine ist das Produkt des Verstandes, der Tradition, wie die lesende Frau und die klassische Steinfigur nahelegen, die andere das Produkt einer Kraft, die aus der Natur selber quillt, aus Tälern und Bergen. Der Künstler, wie Friedrich ihn sah, vermag beide in der Kunst zu verbinden, so wie er auf diesem Bild Materie und Vision darzustellen vermochte. Er schöpft aus einem inneren Reservoir an Formen und Farben, die er der Natur abgeschaut hat und die ihm beim Malen wie Erinnerungen zur Verfügung stehen. Wenn er nur Ideen und Gedanken folgte, würde er Symbole und Allegorien malen. Dann würden Bilder in einer Zeichensprache entstehen, die zwar ohne Wörter auskommt, aber auf Bedeutung nicht verzichten kann.

Der Künstler folgt aber nicht allein dem Verstand, als würde er in einem Buch lesen wie die Frau auf der *Gartenterrasse.* Er hört auf seine innere Stimme, einen durch das Studium der Natur geformten Sinn und ein Gefühl für den Schein der Welt, für Bilder, die auch der antiken Steinfigur als Erinnerungen und Ahnungen vorzuschweben scheinen. Die schöne Literatur mag in der Lage sein, die romantische Sehnsucht der Frauen zu erfüllen und ihr Innenleben zu befrieden. Sie reicht aber nicht bis zu dem Land der Metaphysik, wo keine unmittelbare Erfüllung wartet und wohin aufzubrechen, wie auf den *Kreidefelsen auf Rügen* zu sehen sein wird, nur dem Künstler vorbehalten ist. Er kann darstellen, wie durch Formen und Farben, durch Licht und Energie, die sich in der Luft und in den Beziehungen der Dinge zeigen, die Materie erwacht und ein metaphysisches Leben beginnt. Besonders deutlich zeigt sich diese formerhaltende Entmaterialisierung auf einem Zyklus von 1820/22, *Der Morgen*, *Der Mittag*, *Der Nachmittag* und *Der Abend*, wo nur das Licht, das auf der Landschaft liegt und die Dinge aus ihrem Schlummer hebt, die Tageszeiten charakterisiert.

25

Im Sommer 1813, als der Krieg gegen Napoleons Truppen auf Dresden zurückte, war Friedrich schon nicht mehr in der Stadt. Er ist nach Krippen, einen Ort bei Bad Schandau, geflohen, einige Stunden Fußmarsch von der sächsischen Hauptstadt entfernt. Dorthin ging er früher öfter, hier hat er eine gute Unterkunft gefunden. In Krippen taucht am 20. Juni kurz Napoleon auf. Ansonsten bleibt es vom Krieg verschont. Hier beginnt Friedrich am 1. Juni wieder ein Skizzenbuch, das er bis zum 22. Juli 1813 führt. Er zeichnete Bäume und Felsen. Er ist neununddreißig Jahre alt, zu alt für den Dienst an der Waffe, obwohl er die Franzosen sehnlichst aus dem Land wünscht. Am 30. Mai 1813 schreibt er an den elf Jahre jüngeren Frederik Christian Sibbern, der im selben Jahr zum Professor für Philosophie an der Universität in Kopenhagen ernannt wird: »Ich lebe seit 14 Tage auf dem Lande, Schandau gegen über an der Elbe. Warum ich Dresden verlassen, können Sie sich leicht denken. Der Mangel an Lebensmittel war so groß, daß wirklich Menschen sollen verhungert seyn. Jetzt ist die Noth nicht mehr so groß, aber ich finde noch immer Ursache genug nicht wieder zurück zu kehren; vielleicht sind auch meine Zimmer mit Verwundete angefüllt.« Sibbern wird in Dänemark zu einem einflussreichen romantischen Philosophen avancieren und auch Romane schreiben. Seine Eltern sind deutscher Abstammung, er spricht Deutsch. Im Jahr seiner Berufung zum Professor macht er eine Bildungsreise durch Deutschland, auf der er auch Hegel in Nürnberg besucht, der 1807 die *Phänomenologie des Geistes* veröffentlicht hat. Sören Kierkegaard, im Mai 1813 in Kopenhagen geboren, wird bei Sibbern studieren.

Auf keinem seiner Bilder hat Friedrich die Schrecken des Krieges gezeigt, es gibt keine Schlachtbilder, keine Bilder von Lazaretten und von aufeinanderprallenden Heereseinheiten, keine von toten Soldaten und verwüsteten Dörfern. Freunde und Bekannte von ihm zogen in den Krieg, um die Franzosen aus dem Land zu vertreiben, wie der Dichter Carl Theodor Körner, der am 26. August 1813 im Kampf stirbt. Auf dem Gemälde *Auf Vorposten*, das Georg Wilhelm Kersting 1815 malt, ist Körner in Uniform zu sehen. Er sitzt hier mit seinen Kameraden im Grünen, in einem Eichenwald, wie zu einer letzten Rast versammelt. Alle drei werden im Krieg sterben. Sie sehen in sich gekehrt aus, als wäre der Rausch der Befreiungskriege verflogen. Durch Bäume im Hintergrund bricht Licht. Irgendetwas kommt auf die drei zu, aber nichts Schreckliches, wie es der Tod auf dem Schlachtfeld ist, wenn man ihn realistisch betrachtet und nicht mit den Augen von Patrioten, die ihn sich als Tod für das Vaterland schönreden. Das Licht macht den Eindruck von Erlösung. Auch Kersting wurde vom Patriotismus gepackt und trat dem im letzten Kriegsjahr gegründeten Lützowschen Freikorps bei, ausgerüstet dank der finanziellen Hilfe seines berühmten Malerkollegen Friedrich.

Die Herrschaft der Franzosen fand ein Ende. Im Oktober 1813 wird Napoleon in der Völkerschlacht bei Leipzig vernichtend geschlagen. Er wird verbannt, kehrt im März 1815 zurück, greift erneut zu den Waffen, wird im Juni geschlagen und wieder verbannt. Doch die Hoffnungen auf politische Reformen in Deutschland erfüllten sich nicht. Die Nachkriegsplanungen der Sieger um Fürst Metternich unterstützten die Reaktion und dienten dem Adel. Die bürgerlich gesinnten Patrioten sind enttäuscht. Auch Friedrich hat sich mehr vom Sieg über die Franzosen versprochen. Seine Reaktion aber ist verhalten. Er ist ein Maler, der seiner inneren Stimme folgt, kein Propagandist, kein Produzent von politischen Werbeflächen mit eindeutigen Aussagen und plakativen Appellen. Auf seinen Bildern begnügt er sich damit, dass eine blätterlose Eiche ihre Arme verzweifelt in den Himmel streckt, ein Hünengrab dem wirren Lauf der Zeit trotzt und Männer in grauen Mänteln im Mondlicht stehen und aussehen wie verfolgte Demagogen. An den Dichter und Publizisten Ernst Moritz Arndt, der als Kämpfer für die nationale Freiheit nach 1809, aus dem schwedischen Exil nach Deutschland zurückgekehrt, zum patriotischen Kreis um den Buchhändler Georg Andreas Reimer in Berlin gehörte, zu dem sich auch Schleiermacher zählt, schreibt er am 12. März 1814, wie an einen Gesinnungsgenossen, der an einem anderen Abschnitt des Seils zieht, mit dem ein verfahrener Karren aus dem Sumpf gezogen werden soll:

»Hochgeschätzter Landsmann!

Ihren lieben Brief und die dabei erfolgten Zeichnungen habe ich erhalten. Ich wundere mich keineswegs, daß keine Denkmäler errichtet werden, weder die, so die große Sache des Volkes bezeichnen, noch die hochherzigen Taten einzelner deutscher Männer.

Solange wir Fürstenknechte bleiben, wird auch nie etwas Großes der Art geschehen. Wo das Volk keine Stimme hat, wird dem Volk auch nicht erlaubt, sich zu fühlen und zu ehren.

Ich beschäftige mich jetzt mit einem Bilde, wo auf dem freien Platz einer erdachten Stadt ein Denkmal aufgerichtet steht. Dieses Denkmal wollte ich für den edlen Scharnhorst bestimmen und Sie bitten, eine Inschrift zu machen. Viel über zwanzig Worte dürfte aber diese Inschrift wohl nicht lang sein, weil es mir sonst an Platz fehlt. Ich erwarte von Ihrer Güte die Gewährung meiner Bitte.

Ihr Landsmann Friedrich«

Das einzige bekannte Denkmal von Friedrich, das nicht nur Entwurf bleibt, sondern ausgeführt und errichtet wird, ist eine Stele für den 1818 verstorbenen Pastor Franz Christian Boll, die aber erst Jahrzehnte später in Neubrandenburg an der Südseite der Marienkirche aufgestellt wird. Der zwei Jahre jüngere Boll muss für ihn eine wichtige Person gewesen sein, sonst hätte er sich nicht mit der Stele befasst. Von 1795 bis 1798 hatte Boll in Jena Theologie studiert. Darauf verdiente er sich seinen Lebensunterhalt als Hauslehrer in Neubrandenburg, wo er von 1802 an

Pastor war. In seinen *Merkwürdigkeiten aus der Geschichte der Vorderstadt Neubrandenburg vom Jahr 1801 ab* finden sich Aufzeichnungen darüber, wie sich, nach Plünderungen und Misshandlungen, die Einwohner mit den Besatzern verbrüderten. Angewidert registrierte Boll, dass sich seine Mitbürger, statt in der Kirche zu beten, zum Tanzen mit den Franzosen trafen.

Es gibt eine Zeichnung von Friedrich vom 7. September 1800, auf der ein junger Mann frontal zu sehen ist, mit sehr schlechten Zähnen. Sein Mund ist verzerrt. Er sitzt vor einem Blatt Papier, vor einer Seite aus einem Skizzenbuch. In der linken Hand hält er einen Stift und die rechte drückt auf das Buch, wie um es am Wegrutschen zu hindern und die Seite glatt zu halten. Er sieht aus wie ein Schüler, der nichts kapiert und über den gestellten Aufgaben, den Erklärungen seines Lehrers verzweifelt und weiß, dass alle Anstrengung umsonst ist. Das Bild soll ein Selbstporträt sein, und man kann sagen, dass er sich damals nicht wohlgefühlt hat, so wie er sich darstellt. Sein Blick ist nicht verträumt, und die Ferne, in die er gerichtet zu sein scheint, liegt nicht am Horizont, sondern in einer Leere, die er in seinem Kopf spürt.

Auf demselben Blatt, in der unteren Hälfte, ist im Profil ein anderer Mann zu sehen, der einen gesetzten und erwachsenen Eindruck macht und die Hände friedlich gefaltet im Schoß hält. Er schaut vor sich hin, als würde er sich in Geduld üben, wie ein Lehrer, der die Hoffnung auf einen Schüler, trotz dessen miserabler Leistungen und mangelhafter Aufnahmefähigkeit, nicht aufgeben möchte. Das könnte Boll sein, der versucht hat, dem jungen Maler etwas über Kant und Fichte zu erklären. Die beiden sollen ja zusammen im Jahr 1800 zu einer Wanderung aufgebrochen sein. Sie werden da Zeit genug zu Gesprächen gefunden haben, das heißt, der eloquente, mit Worten und Ideen vertraute Boll wird geredet und der schweigsame junge Maler, der Kunst, aber nicht Theologie oder Philosophie studiert hat, wird zugehört und offensichtlich nur die Hälfte verstanden haben. Wenigstens sieht es so aus auf der Zeichnung.

Friedrich hatte, da seine Eltern aus Neubrandenburg stammten, Verwandte in der Stadt, und er wird dort Boll sicherlich früh kennengelernt haben, bei rund fünftausend Einwohnern war das nicht ausgeschlossen. Am 12. Februar 1818, drei Wochen nachdem der junge Mann mit den schlechten Zähnen, der auf der Zeichnung eine Grimasse schneidet, in der sich geistige Hilflosigkeit, ein Rest von Trotz und Verzweiflung mischen, geheiratet hat, ist der Pastor an Typhus gestorben.

26

Im Oktober 1814 wird in Berlin Friedrichs Gemälde *Der Chasseur im Walde* ausgestellt. In Dresden war es in jenem Jahr schon in einer Ausstellung patriotischer Kunst zu sehen gewesen, die der Befreiung der Stadt Anfang November 1813 gewidmet war. Sein Gemälde ist keine Provokation, es wirft offenbar einen Blick zurück in die jüngste Vergangenheit und scheint sich lückenlos einzureihen in die Anfänge einer Geschichte der deutschen Befreiungskriege, die heroische nationale Mythen herausbildet. Aber so ist es nicht ganz.

Das Bild zeigt einen französischen Soldaten von hinten, der mitten im Wald auf einer Wegkreuzung verharrt. Schnee ist gefallen. Ein Rabe sitzt hinter ihm auf einem Baumstumpf und verkündet nichts Gutes. Der einsame Soldat wirkt vor den hohen, dichtstehenden Nadelbäumen hilflos und verloren. Seine Lage scheint aussichtslos. Wohin er sich auch wenden mag, es sieht so aus, als ob er niemals aus dem Wald herausfinden wird. Wahrscheinlich weiß er, dass er, egal welchen Weg er einschlägt, dem Untergang entgegengeht, dem Tod in der Kälte. Der Himmel, ein kleiner Flecken, ist grau und verwittert, wie Stein. Die Botschaft des Bildes scheint eindeutig. Napoleons Armee wurde geschlagen, die Deutschen, die Schulter an Schulter standen, wie die Bäume in einem Wald, brachten den Sieg. In der Natur spiegelt sich die Standfestigkeit und der Zusammenhalt des deutschen Volkes, an dem der Feind zerbricht. Frankreich hatte sich in seinen Ambitionen verrannt, sich zu tief in das Land des Nachbarn vorgewagt und war dort am Widerstand der Aufrechten gescheitert.

Man möchte bezweifeln, ob dieses Gemälde, ebenso wie die anderen patriotischen, in einem strikten Sinne zu den aus inneren Bildern hervorgegangenen zählt, die aus einer tiefen Quelle auftauchen und in deren Entstehung er nicht sofort eingreift. Die politische Absicht beim *Chasseur im Walde* macht der künstlerischen Phantasie offenbar eindeutige Vorgaben. Aber das Gemälde geht über sie hinaus. Hierbei scheint dann doch ein inneres Bild eine Rolle gespielt zu haben. Die Gefühle, die sich dort bündelten, entstanden sicher bei dem Gedanken daran, was der Krieg für einen einzelnen Soldaten bedeutete. Wenn Friedrich auf den Krieg aus dem Blickwinkel der Einsamkeit, der Angst und des Schreckens schaute, konnte er nur einen französischen Soldaten zeigen. Ein deutscher Krieger in jener aussichtslosen Lage hätte die patriotischen Gefühle verletzt. Diese existentiellen Empfindungen lassen das Bild nicht als mythenverhangene Engführung der deutschen Befreiungsgeschichte sehen.

Großartig und befremdlich ist die Perspektive, aus der die Szene beobachtet wird. Der Betrachter und der Soldat befinden sich nicht auf einer Ebene. Mitleid mit dem Franzosen scheint ausgeschlossen zu sein. Aber um den Feind geht es hier nicht. Die Tragik der Lage, in der sich der Soldat befindet, ist entscheidend. Der Betrachter blickt auf ihn etwas herab, als stände er dem Schicksal näher, das den Franzosen in den Untergang schicken wird. In einem dramatischen Sinne hat der Soldat, auch wenn er an einer Wegkreuzung steht, gar keine Wahl. Dadurch gewinnt das Bild eine metaphysische Tiefe, die den Gegensatz von Freund und Feind, Deutschen und Franzosen vergessen lässt. Vor der Übermacht des Waldes, der schlucken wird, was nicht Natur ist, sieht die Uniform aus wie das Zeichen einer falschen, künstlichen Welt, der sinnlose Opfer gebracht werden. Der einzelne Namenlose, aus dem sich alle Heere rekrutieren, spielt in der Geschichte, die für ihn letztlich einer Naturgewalt gleicht, keine Rolle.

Bei einem ersten, rasch sortierenden Blick erfüllte das Gemälde damals patriotische Bedürfnisse. Eine streng politische Betrachtung von Friedrichs Bildern, die von den Stimmungen, Ahnungen und Ideen, die sie durchziehen, wenig übrig lässt, führt nicht in eine falsche Richtung, aber eben in eine Enge, wo die Kunst ihre Reize und offenen Geheimnisse verliert. Von ihnen ist nicht auf allen politischen Bildern gleich viel zu spüren und zu sehen.

Auf dem Gemälde *Abendlandschaft mit zwei Männern*, datiert zwischen 1830 und 1835, stehen zwei Männer in altdeutscher Tracht auf einem Felsplateau, mit dem Rücken zum Betrachter, wie üblich auf Friedrichs Bildern, und schauen von hoch oben über eine im weichen Abendlicht lieblich und verloren liegende Landschaft aus Bergen, Tälern und Wasser. Im Himmel mischen sich Grau, Braun und ein warmes Gelb zu einem ahnungsvollen Licht. Der Betrachter scheint die Männer zu beobachten wie ein verwunderter Spion, dem dieser abendliche Auftritt nicht geheuer ist und der abwarten muss, was sich daraus entwickeln mag. Die Frage, woher die zwei in ihren Mänteln, ein Barett auf dem Kopf, kommen und wohin sie noch gehen werden in dieser menschenleeren, lethargisch wirkenden Natur, wird aufgesogen von einer Aussicht, in der sich die Zeit erfüllt haben muss, und von einem Licht, das nicht nur am Ende eines langen Tages leuchtet, sondern auch am Ende einer langen Geschichte aus Krieg und Frieden, Verzweiflung und Hoffnung. Die Szene wird zwar von einer programmatischen Idee umklammert, sieht aber schon aus wie ein Standbild aus einem Film, ein großartiger Vorgriff in eine ästhetische Zukunft, in der es Weitwinkelobjektive geben wird.

Von dieser Zukunft ist auf dem 1819 entstandenen Gemälde *Zwei Männer in Betrachtung des Mondes* noch nichts zu sehen. Doch auch hier würde eine rein politische Deutung den Blick verengen und die Aussicht des Bildes kappen.

Am 23. März 1819 ermordete der Student Karl Ludwig Sand in Mannheim den Schriftsteller und russischen Konsul August von Kotzebue. Er sticht ihn nieder, dann sticht er auf sich selbst ein. Die Reaktion auf das Attentat ist umfassend. Im August werden die Karlsbader Beschlüsse abgefasst, mit denen alle liberalen und nationalen Bestrebungen als Volksverhetzung verfolgt werden können. So wird Ernst Moritz Arndt noch im selben Jahr von seinem Lehrauftrag als Professor für Geschichte in Bonn suspendiert. Ein Verfahren wegen demagogischer Umtriebe wird gegen ihn angestrengt, das aber zu keinem eindeutigen Ergebnis führt. Rehabilitiert wird er erst viele Jahre später.

Das Gemälde *Zwei Männer in Betrachtung des Mondes* scheint auf diese neue Zeit der Repression zu reagieren. Die beiden Männer, von denen der eine den berüchtigten Mantel der Demagogen trägt, auf dem Kopf wieder das Barett, stehen am Rand eines Waldes auf einer Erhebung und schauen in die Nacht, die sich wie ein dicker Nebel über Deutschland gesenkt hat. Der Betrachter fühlt sich hier nicht wie ein Spion. Er steht unterhalb von ihnen, auf dem Weg, den sie genommen haben, als gehörte er dazu und würde sich gleich an ihre Seite stellen. Die beiden Männer knüpfen ihre gescheiterten Hoffnungen offensichtlich an den Mond und den Abendstern und halten die Zuversicht wach, dass es irgendwann wieder Tag werden muss. Doch darin erschöpft sich das Bild nicht. In ihm vermischen sich Tragik und Komik im Gefühl einer existentiellen Verlorenheit, die überraschend modern ist. Sie wird stoisch und neugierig ertragen und weist weit über die Gegenwart patriotischer Gefühle um 1819 voraus auf Samuel Becketts Theaterstück *Warten auf Godot*. Die Welt verändert sich ja nicht, wenn man seine Zeit damit zubringt, in den Mond zu schauen, mag man auch die Kleidung des deutschen Fortschritts tragen. Im Gegenteil, besser kann man nicht dokumentieren, dass die Tage der Taten vorbei sind und die Nacht der Träumer und Schlafwandler begonnen hat. Die beiden Männer in ihren Mänteln, der eine dick und pelzig, der andere tailliert, wirken wie zwei Mäuse, die sich auf die Hinterpfoten gestellt haben und auf eine Scheibe Käse starren, die wie ein Mond von der Decke hängt. Sie warten und warten, dass etwas passieren möge. Aber es passiert nichts. Sie wachen nicht auf. Auf einer Reise in den Jahren 1936/37 durch das nationalsozialistische Deutschland sieht Beckett dieses Gemälde in Dresden und gewinnt aus ihm Anregungen für sein Drama, das erst nach dem Krieg fertig wird und eine völlig absurde Welt zeigt.

In die Kategorie politischer, in einem strengen Sinn historischer Bilder gehören die Gemälde *Höhle mit Grabmal (Das Grab des Arminius)* um 1813 und *Gräber gefallener Freiheitskrieger (Grabmale alter Helden)* von 1812. Die dunklen Massive aus riesigen braunen Steinblöcken, mitten im Wald, sind hier Sinnbilder der deutschen Geschichte. Sie quillt aus der Tiefe der Erde und ist gleichzeitig von erdrückender Last, die Menschen erschlagen oder schlucken kann. Auch *Huttens Grab* gehört in diese Reihe. Es entstand 1823/24, wahrscheinlich im Zusammenhang mit dem dreihundertsten Geburtstag des Reformators Ulrich Hutten. Den Erlös des Bildes spendete Friedrich den Griechen für ihren Kampf um Freiheit und Unabhängigkeit vom Osmanischen Reich. Den Bezug zum deutschen Befreiungskampf stellen hier Inschriften auf einem Sockel her, die Namen der vier Deutsch-Nationalen Friedrich Ludwig Jahn, Ernst Moritz Arndt, Freiherr vom Stein und Joseph Görres. Ein Mann in altdeutscher Tracht stützt sich auf einen Stock und beugt sich zum Grabmonument, um die Inschriften besser lesen zu können. Er steht in einer Klosterruine, durch deren hohe leere Fenster das sanfte gelbe Licht der Abenddämmerung fällt. Fast sieht es so aus, als gehörten für Friedrich die Ideen der deutschen Patrioten zu den Merkwürdigkeiten einer nationalen Geschichte, in deren tragischem Entwicklungsgesetz der Zerfall eine entscheidende Rolle spielt. Ein Abglanz der kommenden erfüllten Zeit Deutschlands spiegelt sich in der Natur, in einem wie helles Gold aufleuchtenden Streifen am Himmel.

Friedrich hat keine Historienbilder im traditionellen Sinne gemalt. Seine auf den ersten Blick patriotischen Bilder reflektieren in ihrem Kern geschichtsphilosophische Probleme, die um 1800 diskutiert wurden, von Herder bis Hegel, ob die Geschichte einer Struktur folgt, ob sie in einem starken Maße an die Geographie und das Klima gebunden ist und welche Bedeutung der Einzelne in ihr hat. Sie war eine ungeheure Macht, gleich der Natur, und schien von einem unerforschlichen Geist beseelt zu sein, einem nicht zutage liegenden Sinn.

27

Manchmal verwandelt sich das Licht, das Friedrich als Medium des Sehens und der Weltwahrnehmung einzufangen versucht, in einen geschichtsphilosophischen Schein, in dem sich das zukünftige Schicksal Deutschlands spiegelt, wie auf der *Winterlandschaft* aus dem Jahr 1811, dem *Hünengrab im Herbst* um 1820, auf *Kügelgens Grab* von 1821/22, auf den Bildern *Friedhof im Schnee* von 1826 und *Verschneite Hütte*, um 1827 entstanden. Hier sieht es überall so aus, als läge auf dem zerrissenen Land, das die kalten Jahreszeiten gut kennt und den Tod von vielen Kriegen, ein Versprechen. Seine Erfüllung hängt an Vorstellungen darüber, was deutsch ist oder sein könnte. Schon die Frage war typisch deutsch, eine Reaktion auf die zersplitterten politischen Verhältnisse eines Volkes, das keine Nation war und auf die Einheit warten musste. Kein anderes europäisches Land suchte mit solcher Ausdauer nach den eigenen Besonderheiten. »Die Deutschheit«, schreibt Friedrich Schlegel in den *Athenäums-Fragmenten*, »ist wohl darum ein Lieblingsgegenstand der Charakteriseurs, weil eine Nation je weniger sie fertig, umso mehr ein Gegenstand der Kritik ist, und nicht der Historie.«

Der Druck der nationalen Selbstfindung zeigt sich auch auf Friedrichs Bildern. Sie gehören zu dem großen imaginären Mosaik, dessen Fertigstellung die Frage, was deutsch sei, hätte beantworten können. Friedrich hielt auf seinen Bildern keine Ereignisse aus der deutschen historischen Entwicklung fest, wie dies Historienmaler machen, sondern sein Gefühl für ihre Eigenart und Dynamik, für ihren Geist und ihr Gesetz. Gotthilf Heinrich von Schubert erzählt in seinen Lebenserinnerungen, der Maler habe sein Werk *Adler über dem Nebelmeer*, das nicht erhalten ist, als »ein Bild der damaligen Geschichte des Vaterlandes« verstanden:

»Es war gegen Ende des Oktobers; Napoleon mit all seinen Gewaltthätigkeiten; die Schmach des Vaterlandes kamen bald ins Gespräch. Mit seinem gewöhnlichen Ingrimme gegen die Franzosen sprach Friedrich zugleich den Schmerz über die Erniedrigung Deutschlands aus. Als aber wir andern trübe Bedenken und bängliche Befürchtungen für die fernere Zukunft äußerten, da deutete er auf den Adler in seinem Bilde hin. ›Er wird sich schon herausarbeiten, der deutsche Geist, aus dem

Sturme und den Wolken‹, sagte er, ›und dort sind Berggipfel, die feststehen und Sonne haben. Wäre der Sturm nicht gekommen, der Adler wäre vielleicht unten im Nebel sitzen geblieben, wo keine Beute zu sehen und zu fangen war, hätte gehungert und gelungert. Der Deutsche muss nur erst warm werden, ehe er den Arm erhebt, wenn er ihn aber einmal erhebt, da flutscht es, wie wir Pommern sagen.‹«

Wie es aussieht, wenn der Deutsche den Arm erhebt und in den Krieg zieht, hat er nicht gemalt. Doch viele seiner Bilder lassen sich als eine besondere Art von Historienbildern sehen, die in die Natur übersetzt wurden und in die Zukunft gewandt sind. Sie zeigen einen Raum für die kommende Geschichte, für die Atmosphäre einer nationalen Ahnung, die in die Wirklichkeit drängt. Jede Eiche, die er malte, war, aus diesem Blickwinkel betrachtet, nicht nur ein Baum, sondern ein mahnendes Zeichen für das Werden und Vergehen, dem auch ein Volk unterlag. Jeder Bergzug war eine Charakterstudie der Geschichte, die sich mit naturhafter Konsequenz entwickelte. Der Himmel leuchtete in einem nationalen Licht, unter dem ein Volk gedieh. Jede Ruine verkörpert eine ehemalige geschichtliche Kraft und war ein patriotisches Auferstehungsmahnmal.

Friedrich stand mit seiner Ansicht über die prägende Wirkung der Landschaft auf den Einzelnen und auf ein Volk nicht allein. Er wird sie auf seinen Wanderungen bestätigt gefühlt haben, vor allem wenn er zurück nach Greifswald und Neubrandenburg ging, ans Meer und auf die Insel Rügen. Die Bilder, die er im landschaftlichen Raum seiner Kindheit gesammelt hatte, lagen als innere Bilder in ihm. In Ludwig Tiecks Erzählung *Die Gesellschaft auf dem Lande* führen die Helden ein Gespräch über diese frühen visuellen Erfahrungen, die das Aufwachsen begleiteten. Man könnte, was hier vorgebracht wurde, mit dem Hinweis ergänzen, dass diese Kindheitsbilder, ganz im romantischen Sinne, auch ein Volk, seine Kultur und Geschichte prägten. Vor allem in der staatspolitischen Not, wenn keine nationalen Grenzen ein Volk als Ganzes umschlossen und als Einheit definierten, musste die Landschaft einspringen und das Heimatgefühl in einem nationalen Sinne stärken. Tiecks Geschichte spielt in Brandenburg. Dort heißt es:

»Gotthold war mit der Mutter vorausgegangen, und Adelheid setzte sich auf eine Bank, um der heitern Landschaft zu genießen, indem aus dem Busche einige Nachtigallen im zärtlichen Gesange wetteiferten. Franz setzte sich zu ihr und sagte bewegt: wissen die Menschen nun wohl, was sie wollen, die nur immer nach dem Fernen und Fremden mit Hast und Unruhe rennen, und nur im warmen Clima, in berühmten Gegenden die Natur schön finden können? Hier, in dieser friedlichen Umgebung, von diesen Blüthenbäumen umduftet, von diesen Tönen umflattert, der Ruf des Pfingstvogels aus dem Walde vor uns, diese süß bewegte Luft, und der Blick auf das Grüne der Birken und Lerchenbäume dort in das Blau des klaren Himmels hinein, wüßte ich doch nicht, was jetzt tiefer und inniger das Herz bewegen, was mehr entzücken und rühren könnte.

Es freut mich, daß Sie so denken, sagte Adelheid, denn es verdrießt mich oft, wenn Weitgereiste, oder Naturkenner durch Studium und Reisen so weit gekommen sind, daß sie eine Gegend, wie die unsrige, gar nicht mehr beachten, noch weniger lieb gewinnen können. Der Frühling ist allenthalben ein liebliches Wunder, wo nur irgend Bäume knospen und blühen, und

Blumen die Augen aus dem Grase richten. Und so wenig ich auch gereiset bin, so glaube ich doch schon so viel erfahren zu haben, daß eine gewisse Rührung, eine sanfte Schwermuth oder Sehnsucht, welches das Kleinleben der Natur, wie dieses hier, in uns erregt, größere Landschaften, Gebirge und weite Aussichten nicht hervorbringen können.

Ich glaube das nämliche erlebt zu haben, fuhr Franz fort, und ob ich gleich viele schöne Gegenden gesehn habe, so möchte ich doch die Empfindungen meiner Jugend in Wald und auf Wiesen, in den Birkenwäldchen unserer Gegend, ja in den finstern Kieferwäldern, wenn der Luftzug hin und her durch die tausend Nadeln musiziert, nicht aufopfern, wenn ich sie mit den trunkenen Gefühlen unbedingt austauschen sollte, die die Schweiz oder Italien in ihren großen Naturgemälden uns gönnen. Auch entdeckte ich auf meiner Rückkehr mit Freuden, daß ich für das Kleine, beschränkt Einheimische, und für die stillen Zauber, die daraus hervorquellen, noch denselben frischen Sinn meiner Kindheit behalten hatte.«

Der stille Zauber, der aus dem Einheimischen quoll, vermischte sich bei Friedrich mit Hoffnungen auf eine Zukunft der Deutschen. Geschichte und Natur bildeten eine Einheit. Die geographischen, botanischen, geologischen und klimatischen Eigenarten scheinen seinem Blick die geheimen Kräfte der Geschichte verraten zu haben, die sich in den aktuellen politischen Ereignissen nicht erschöpften. Zwei Männer mochten den Mond anschauen und dabei etwas empfinden und denken. Die Dynamik der Geschichte erkannten sie nicht. Sie sahen über die politischen Tageskämpfe nicht hinaus. Landschaftsbilder waren für Friedrich auch Visionen und Bekenntnisse, gerade wenn sie sich aus Fragmenten zusammensetzten, die die Besonderheiten der heimischen Natur erst deutlich sichtbar machten.

Mit seinen Sepia-Bildern hatte er früh dazu beigetragen, Rügen ins erwachende touristische Bewusstsein der Zeitgenossen zu heben. Ausgehend von diesen Zeichnungen vom Rand Deutschlands hat er sein bildnerisches Einzugsgebiet kontinuierlich erweitert und in ausgefeilten Kompositionen konzentriert. Später haben sich irgendwelche Leute, meistens Männer, die auf der Suche nach dem Wesen Deutschlands waren, eingebildet, es dort, auf seinen Gemälden, zu finden. Die Romantik in ihrem Drang, alles Statische, Starre, Klassische in bewegte Eigenart, in Organismus und Geschichte zu verwandeln, hatte die einheimische Natur entdeckt als eine nationale Macht. Friedrich hat sie als Ausdruck geschichtsphilosophischer Energie und Stimmung wiederzugeben versucht. Die Zukunft Deutschlands lag für eine gewisse Zeit in der deutschen Landschaft verborgen.

28

Die Gegenwart, an der das Leben hängt, erfüllt sich in den Augenblicken und mag für einen Beobachter aussehen wie eine Szene aus einem Film, in dem Menschen, die man die Protagonisten der Flüchtigkeit nennen könnte, aus ganz alltäglichen Gründen zusammenkommen, wie jetzt auf dem Marktplatz von Greifswald, auf dem zu dieser Stunde nicht viel los ist. Der Blick fällt direkt auf ihn und auf eine der Straßen, die in ihn münden. Rechts an den Häusern entlang stehen Bäume. Bürger, Arbeiter, Männer, Frauen und Kinder haben sich in Gruppen zusammengefunden, gehen zu zweit oder alleine umher oder warten in einer Kutsche. Es herrscht kein Gedränge an diesem sommerlichen Tag. Die Sonne scheint und wirft Schatten, die vermuten lassen, dass es spät am Vormittag ist oder früh am Nachmittag. Die Szene macht einen entspannten Eindruck, keiner scheint Eile zu haben. Die Frauen haben sich herausgeputzt. Die Männer, die vorne zusammenstehen und reden, sehen nicht danach aus, als kämen sie von der Arbeit oder seien dorthin unterwegs. Wahrscheinlich ist Sonntag, nach dem Kirchgang. Man läuft noch ein wenig herum, genießt die Sonne, das Plaudern, bevor es nach Hause zum Mittagessen geht und der Platz sich leert. Die Szene hat Friedrich in einem Aquarell festgehalten.

Seine Frau und er waren damals auf ihrer ersten gemeinsamen Reise. Manche Friedrich-Kenner behaupten, die Menschen dort unten, die im Vordergrund, das sei seine Familie. Im Sommer 1818 war das frisch vermählte Paar in Greifswald angekommen. Um die Zeit, da der Blick auf den Marktplatz fällt, ist Friedrich dreiundvierzig Jahre alt und als Maler bekannt. Im Januar 1818 hat er Caroline Bommer geheiratet. Er nennt sie Line. Sie ist viel jünger als er, erst vierundzwanzig Jahre. Sie wird bald zwei Mädchen und einen Jungen zur Welt bringen, Emma, Agnes Adelheid und Gustav Adolf. Der Junge heißt wie der berühmte schwedische König, der im Dreißigjährigen Krieg gegen die Katholiken kämpfte und auf dem Schlachtfeld starb. Aber diesen Namen trug auch der letzte schwedische König, der über Greifswald regierte, bis die Stadt nach dem Wiener Kongress 1815 an Preußen fiel.

Seine Frau und er haben eine lange Reise hinter sich. Sein Herz hängt an Pommern. Als sein Bruder Heinrich ihm im März 1818 Heringe nach Dresden schickt, freut er sich über diesen Gruß aus der Heimat. Zuerst sind sie nach Neubrandenburg gefahren zu Friedrichs Bruder Samuel und dessen Frau. Anfang Juli sind sie in Greifswald bei den Brüdern Adolf, Heinrich, Christian und deren Familien. Wenige Tage darauf geht es nach Wolgast, Stralsund und auf die Insel Rügen. Insgesamt werden sie sechs Wochen unterwegs sein.

Zwei seiner berühmtesten Ölbilder, *Kreidefelsen auf Rügen* und *Auf dem Segler*, entstehen unmittelbar nach der Reise. Auf beiden ist das Paar zu sehen, nicht von vorne, sondern von hinten und von der Seite, wie das bei ihm so üblich ist. Die Bilder erzählen, was es für ihn bedeutete und wie er sich fühlte, als er eine viel jüngere Frau heiratete und sich sein Leben, das er bis dahin als Junggeselle geführt hatte, mit einem Mal veränderte. Aus dem Künstler wurde jetzt ein Ehemann und wenig später ein Familienvater. Das sind große Umbrüche, die verkraftet werden müssen und Konflikte mit sich bringen. Von heute auf morgen gehört der Tag nicht mehr ihm allein, er muss ihn mit seiner Frau und später mit seiner Familie teilen. Für einen Künstler, der für seine Kunst lebt, sind diese Veränderungen eine große Herausforderung. Auf beiden Bildern trägt der Mann die altdeutsche Tracht, was dazu Anlass gab, die Bilder politisch zu sehen, als hätte er nur seine Gesinnung demonstrieren wollen und wie es um die Hoffnung stand, einmal in einem Land unter politischen Verhältnissen zu leben, die sich ein deutscher Patriot wünschte. Als ginge es bei diesen beiden Bildern nicht um mehr. Man muss sie auch nicht religiös sehen, wie es bei den Bildern Friedrichs gerne gemacht wird, als lagere überall, über dem Meer und den Bergen, die Unendlichkeit und wecke religiöse Gefühle.

Wie großartig die Natur auf Rügen ist und wie heftig sie ein empfindsames Gemüt bewegen konnte, zeigt ein Tagebucheintrag Wilhelm von Humboldts. Im Jahr 1796 hatte er eine Reise nach Norddeutschland gemacht und sich auch Rügen angesehen. Der Eindruck, den er dort empfängt, ist überwältigend:

»Von der Herthaburg an steigt man noch immer höher und höher. Nach und nach sieht man die See durch die Bäume schimmern, und plötzlich steht man am Rande einer schwindelerregenden Tiefe im vollen Anblick derselben. Zwei fünftehalbhundert Fuß hohe Kreidewände lagern sich in vielfachen Seulen einander gegen über, und in der Oefnung die sie bilden, liegt das Meer vor dem Auge in seiner unermeßlichen Größe da. Dieß ist die Stubbenkammer. Es ist nicht möglich einen einfacheren und erhabeneren Anblick zu finden, eine bloße Oefnung ins Meer, aber die unendliche Ebene so frei und groß daliegend ... so abstechend von Farben mit den weißen Kreidewänden gegen das blaue Meer, und so freundlich und schauervoll heilig durch den grünen, schattichten Wald, aus dem man nur so eben hervortritt.«

Das Bild *Kreidefelsen auf Rügen* überrascht durch Aufbau und Farben. Drei Personen sind zu sehen, zwei Männer und eine Frau. Wer nicht von der großartigen Aussicht auf die weißen Kreidefelsen und das weite blaue Meer abgelenkt und gefangen wird, dem stellt sich die Frage, was da vorne am Abgrund los ist, was die drei zusammengeführt hat und was sie dort machen.

Die Frau hat ein auffallend rotes Kleid an. Der Mann ihr gegenüber trägt ein Barett, wie es üblich war für die altdeutsche Tracht. Wer so auftritt und durch die Gegend läuft, der fällt auf wie ein Künstler, dessen innere Statur ihn von seinen Mitbürgern abhebt, schon deswegen, weil er einer Arbeit nachgeht, die sich im besten Fall als nicht normale Arbeit fassen lässt. Trägt nicht schon der Künstler auf Vermeers Bild *Die Malkunst* aus der Mitte des 17. Jahrhunderts ein Barett und zeigte sich nicht auch Rembrandt auf Selbstbildnissen gerne mit dieser Kopfbedeckung?

Wenn man weiß, dass Line und Friedrich auf ihrer Hochzeitsreise Rügen besuchten, denkt man sofort, die beiden da vorne auf dem Bild, das sind sie, das frisch verheiratete Paar. Eigenartig ist nur, dass sie die überwältigende Aussicht nicht Arm in Arm genießen. Warum stehen sie an entfernten Ecken, als hätten sie nichts miteinander zu tun? Ein Erinnerungsbild sollte die Eintracht eines jungen Paares auf seiner ersten gemeinsamen Reise festhalten. Das wäre naheliegend gewesen und hätte auch für einen eigensinnigen Pommern, der sich viel darauf einbilden konnte, dass sogar der preußische König ihm Bilder abgekauft hatte, naheliegen müssen. Offenbar ist auf der Reise etwas Bedeutsames zwischen den beiden vorgefallen. Und es muss auf dem Bild zu sehen sein, um was es dabei ging, sonst hätte er ja nicht dieses Bild gemalt. In seinen *Lebenserinnerungen* schreibt Carl Gustav Carus über die späte Heirat des Junggesellen:

»Sehr überrascht waren Friedrichs Freunde, als er um diese Zeit sich verheiratete, denn dem menschenscheuen melancholischen Künstler hatte niemand diesen Entschluß zugetraut. Er wohnte da an der Elbe, man nennt es den Elbberg, und eine

Bürgerstochter aus seiner Nähe – er hatte sie wohl beim Stellen lebender Bilder kennen lernen, welches die jüngern Künstler zuweilen veranstalteten – war seine Wahl; eine einfache stille Frau, die ihm nach und nach einige Kinder gebar, übrigens aber sein Leben und sein Wesen in nichts änderte.«

Die letzte Bemerkung mag verwundern. Friedrich heiratet, aber er bleibt der alte und führt sein gewohntes Leben weiter?

Das Bildformat ist rechteckig, doch der Aufbau folgt einem Kreis, als solle die Aussicht als solche in den Mittelpunkt der Aufmerksamkeit rücken, und zwar nicht die Aussicht auf etwas Bestimmtes, sondern, allgemein, die Aussicht als Verlangen und Begehren, als Sehnsucht, die herausführt aus der Endlichkeit des Alltags. Das Paar steht nicht zusammen, ganz so, als hätten sie sich gestritten, oder als hätten sie Ansichten über etwas Essentielles, das in ihrem Leben eine wichtige Rolle spielt, an diesem Tag auf Rügen auseinandergetrieben. Ein Konflikt ist zum Vorschein gekommen, der zu einer gewissen Distanz zwischen den beiden geführt hat. Die Eintracht, die man bei dem frisch verheirateten Paar vermuten sollte, ist getrübt.

Die junge Frau sitzt an einen Baum gelehnt unmittelbar am Abgrund. Mit der einen Hand hält sie sich an einem Ast fest, mit der Hand des anderen, ausgestreckten Arms weist sie in die Tiefe vor ihr, als sei ihr etwas aus der Hand geglitten und hinuntergestürzt. Sie schaut nach unten. Ihr Gesicht ist im Halbprofil dargestellt, und man könnte dies als einen Hinweis darauf verstehen, dass sie vor anderen nichts zu verbergen hat und dass sie nicht zu den Menschen gehört, deren Seele nach innen gewendet ist und die gerne für sich sind. Auf ganz natürliche und alltägliche Weise ist sie Teil der normalen Welt. Vielleicht möchte sie mit ihrem Arm auf etwas dort unten hinweisen, das sich dem Blick Dritter entzieht, wie das vorkommt, wenn zwei sich streiten und man nicht weiß, warum sie einander in den Haaren liegen.

Eine grandiose Aussicht bietet sich ihr dar, aber ihr Blick ist nicht in die Ferne gerichtet, dorthin, wo nicht nur Segelschiffe fahren, sondern in einem weitläufigeren Sinne Ideen und Ideale auftauchen können. Sie ist, aus Not oder Natur oder sozialem Zwang, mit dem Nächstliegenden beschäftigt, mit irdischen Angelegenheiten, wie jeder normale Haushalt sie aufwirft und um die sie sich als Ehefrau und zukünftige Mutter wird sorgen müssen. Ihr bleibt da gar nichts anderes übrig, und ihr Ehemann, ein berühmter Künstler, der eigenartige, auffallende Bilder malt, aber als Mann seiner Epoche keinen Schritt vorausgeeilt ist und laut nach Gleichberechtigung der Geschlechter gerufen hätte, scheint das auch so zu sehen.

Nicht alle Probleme, die ein Eheleben aufwirft, sind mit dieser männerfreundlichen Aufgabenteilung zwischen ihr und ihm aus dem Weg geschafft. Die Probleme reichen tiefer. Fichte hatte in seinem *Naturrecht* von 1796 Ansichten über die Ehe vertreten, die der frisch vermählte Maler wahrscheinlich geteilt hat. Hier heißt es:

»In dem Begriffe der Ehe liegt die unbegrenzteste Unterwerfung der Frau unter den Willen des Mannes; nicht aus einem juridischen sondern aus einem moralischen Grunde. Sie muß sich unterwerfen um ihrer eignen Ehre willen. – Die Frau gehört nicht sich selbst an, sondern dem Manne.«

Wie eine solche Rollenverteilung im Alltag aussehen konnte, zeigt ein Brief, den Friedrich aus Dresden am 13. Juli 1822 seiner Frau Line schrieb, die auf Besuch bei Verwandten weilte. Er war nicht nur das ökonomische Haupt der Familie, sondern verstand sich auch als ihr moralischer Vormund, der sich ihr gegenüber mit gutgemeinten Ratschlägen und Erläuterungen zur allgemeinen Menschenkenntnis nicht zurückhielt:

»Guten Morgen! Liebe Line! Damit du nicht ganz leer ausgehst und eine Freude habest zu deinem Geburthstage, so gieb einen vorübergehenden Bedürftigen, oder wenn du sonst jemanden kennest 1 Thaler und freu Dich seiner Freude. Das ist dann eine Freude wobei der Gaumen zwar nichts empfindet, aber der innere Mensch gewint.«

Konnte sie sich von ihm solche freudlosen Weisheiten immer mit einem liebevollen Lächeln auf dem Mund anhören?

Der Mann mit dem Barett steht auf dem Bild weit weg von seiner Frau, am anderen Ende der Aussichtsstelle. Er hat sich an einen Baum gelehnt, er steht fest auf seinen Beinen, stützt seine Haltung ab an den Wurzeln und hat die Arme entschlossen vor der Brust verschränkt. Er schaut aufs Meer, wo zwei Segelschiffe zu sehen sind, das eine weit weg am Horizont, das andere noch nahe an der Insel. Die Schiffe, zwei weiße Flecken in der blauen Tiefe, scheinen dem Paar zu entsprechen, dem Mann, der mit seinen Gedanken in die Ferne schweift, und der Frau, die konstitutionell der Erde näher zu sein scheint, zwei komplementäre, sich ergänzende Bewegungen und Bedürfnisse. Auch dazu hatte Fichte in seinem *Naturrecht* die passende Vorlage gegeben, als er schrieb:

»Es läßt sich nicht behaupten, daß das Weib an Geistestalenten unter dem Manne stehe; aber das läßt sich behaupten, daß der Geist beider von Natur einen ganz verschiedenen Charakter habe ... Das Weib hat ein natürliches Unterscheidungsgefühl für das wahre, schickliche, gute ... Das Weib ist sonach schon durch ihre Weiblichkeit vorzüglich praktisch; keineswegs aber speculativ. In das Innere über die Grenze ihres Gefühls hinaus eindringen kann sie nicht, und soll sie nicht ...«

Das Paar auf dem Bild könnte grundsätzlich das Glück loben, dass der Zufall und die Liebe sie zusammengeführt haben. Aber so einfach ist es eben nicht immer.

Friedrich ist ja ein Künstler, und mag er auch seine Frau lieben, so gilt doch auch und gerade der Kunst seine Liebe. Er ist dreiundvierzig Jahre alt, als er heiratet, er hat ein langes Junggesellenleben hinter sich, und es wird ihm, bei aller Liebe, die er für seine Frau fühlt, schwerfallen, sich ganz und gar als Ehemann zu verstehen, als Hausvorstand. Er müsste jetzt sein Leben umstellen, aber auch wenn er alles geduldig und nachgiebig mitmachen würde, was die Hausfrau und der Hausstand von ihm fordern, er bleibt ein Künstler, in ihm ist ein Begehren, das weit über den Alltag reicht, durch das er hinausgetrieben wird aus der Endlichkeit und hineingezogen in die Unendlichkeit. Würde er jetzt, unmittelbar nach der Heirat, wenn die Rollen von Mann und Frau geübt und die Aufgaben des Paares verteilt werden, den traditionellen Vorstellungen nachgeben, zu denen gehört, wie er als Ehemann und Vater zu sein, was er zu tun habe, er würde sich selbst verlieren. Er würde so ein braver und unterwürfiger Mann werden wie jener, der zwischen dem Paar auf dem Boden kriecht, den Kopf über dem Abgrund, als würde er da unten, dort, wohin der Arm der Frau weist, etwas suchen, was sie ihm zeigt. Wo kommt dieser Mann her, was macht er? Das ist kein Freund, kein Verwandter, der das Paar auf seinem Ausflug begleitete.

Der Zylinder und der Stock liegen im Gras neben ihm, als hätte er sie eilig und achtlos weggeworfen. Er stützt sich mit einem Arm und einem Knie auf, ein großes Insekt, ein Wesen, das sich von der Erde nicht erheben kann, furchtsam, zwanghaft, geknechtet. Es liegt auf der Hand, dass ein solcher armer Mann, zu Boden gedrückt von den Sorgen des Alltags, die einen ängstlichen Menschen eines Tages verschlingen werden, nicht der Vorstellung entspricht, die der frisch verheiratete Ehemann Friedrich von seiner Rolle hat, und dass ein solcher Mann auch nicht dem König im Herzen der jungen Frau Caroline gleichen kann. Er, Friedrich, ist ein Künstler, nicht nur ein Ehemann, und er braucht Freiheiten, die sie, Line, ihm wortlos gewähren muss. Das muss sie einsehen.

Wenige Tage nach seiner Hochzeit am 21. Januar 1818 schrieb er an seine Verwandten in Greifswald einen Brief, in dem er nicht nur die Reise ankündigte, die das Paar antreten wolle, sondern auch berichtet, wie sich sein Leben jetzt, da er mit Line zusammenlebt, verändert hat:

»Kurz seit sich das Ich in ein Wir verwandelt ist gar manches anders geworden. Es wird mehr gegessen, mehr getrunken, mehr geschlafen, mehr gelacht, mehr geschäkert, mehr gelepscht ... Vieles und mancherlei hat sich geändert seit ich eine Frau habe. Meine alte einfache häußliche Einrichtung ist in manchen nicht mehr zu erkennen, und es ist mir lieb daß es jetzt sauberer und netter bei mir aussieht. Nur in den Raum so ich zu meiner Beschäftigung gebrauche bleibt alles beim Alten.«

Wie ein Wächter steht er vor seinem Atelier und wehrt jede Veränderung durch fremde Hand ab. Die Grenze, die er zieht, trennt Alltag und Kunst, sie schützt ihn als Künstler vor den

Ansprüchen seiner Frau und den Rücksichten, die er auf sie nimmt. »Schlage ich nur einen Nagel in die Wand«, schreibt er, »so darf er nicht so hoch sein als ich langen kann; sondern nur so hoch als meine Frau mit Bequemlichkeit langen kann.« Die Kunst hängt für sie in unerreichbarer Höhe. Mochte ein Mann seiner Frau auch zu Füßen liegen, er kroch nicht vor ihr herum.

Darum geht es auf diesem Bild von den Kreidefelsen auf Rügen. Mochten die beiden sich gestritten haben oder nicht, Einigkeit zwischen Mann und Frau konnte nur herrschen, wenn der Mann sich treu blieb, insbesondere da er, Friedrich, ein Künstler war, und wenn die Frau sich in ihre Rolle fügte, was sie, Line, umso mehr tun musste, als sie die Ehefrau eines Malers war. Das Bild ist eine Erinnerung an eine Art notwendiger Übereinkunft, die die Grundlage einer guten Ehe abgab. Er würde niemals als Ehemann so enden wie der am Boden kriechende Mann, und sie musste sich bewusst sein, dass ein Kriecher ihrem Herzenswunsch nach einem wahren Mann widersprach, der sich treu blieb, seine Ziele hatte und nach vorne schaute, wie es vor allem ein Künstler tun muss. War es nicht sinnvoll, sich am Anfang einer Ehe darüber zu verständigen? Auf dem Bild sieht er so aus, als würde er keinen Zentimeter von seinen Ansprüchen und Vorstellungen zurückweichen wollen.

Mit so einem Mann zusammenzuleben kann kein reines Vergnügen gewesen sein. Das Paar bekommt dennoch drei Kinder. Beruflich aber geht es ganz langsam bergab. Friedrich muss sich schließlich damit abfinden, dass die Zeitgenossen seine Bilder nicht mehr so schätzen wie in den frühen Jahren seines Erfolgs. Er wird zu einem einsamen Künstler, der im Atelier den inneren Bildern folgt und nicht mehr hoffen kann, dass er damit außerhalb seiner vier Wände große Resonanz findet. Seine Zeit erkennt sich in den Bildern nicht wieder, als würde er eine fremde Sprache sprechen oder von Dingen, die keiner kennt oder die kein Interesse wecken. Ihm bleibt sein Atelier, in das er sich wie ein Höhlenbewohner zurückzieht. In dieser zunehmend desolaten Lage wurde der Umgang mit ihm sehr schwierig, unangenehm. Davon hat Carl Gustav Carus in seinen Erinnerungen erzählt, als er sich Gedanken darüber machte, wie es den ihm nahestehenden Menschen in ihrem Leben ergangen war:

»Der erste dieser Freunde war Friedrich. In seiner eigentümlichen, immer dunkeln und oft harten Gemütsart hatten, offenbar als Vorläufer eines Hirnleidens, dem er auch später unterlag, gewisse fixe Ideen sich entwickelt, welche anfingen, seine häusliche Existenz vollständig zu untergraben. Mißtrauisch, wie er war, quälte er sich und die Seinigen mit Vorstellungen von der Untreue seiner Frau, die ganz aus der Luft gegriffen waren, dessenungeachtet aber hinreichten, ihn ganz zu absorbieren. Anfälle von roher Härte gegen die Seinigen blieben nicht aus, ich machte ihm die ernstesten Vorstellungen darüber, suchte auch als Arzt einzuwirken, aber alles vergebens, und so wurde denn natürlich dadurch auch mein Verhältnis zu ihm gestört, ich kam fast nicht mehr zu ihm, bis späterhin, nachdem er vom Schlage gelähmt wurde, um ihm noch nach Kräften nützlich zu sein, verlor aber doch immer einen bedeutenden und mir in jeder Beziehung werten Umgang.«

Dass seine Frau, die sicherlich die Seele des Haushalts war, seinen Schmerz nicht auffangen konnte, zeigt, wie strikt und unerbittlich bei Friedrich Kunst und Alltag getrennt waren. Vielleicht liegt darin ein Entwicklungsmoment für die Modernität seiner besten Bilder, dass er Dissonanzen spürte und lebte, die sich nicht überbrücken ließen, weder dadurch, dass die Kunst Ideale zeigte, noch dadurch, dass sie sich der reinen Nachahmung verschrieb. Sie war der Spiegel des nicht Erlösten. Die Zeit schritt im Wechselspiel und im Kampf von Alt und Neu voran, der Zerfall steckte in ihr wie der Triumph, der Widerspruch trieb den Fortschritt an. Das sagte auch Hegel in Berlin. Doch es gab vielleicht gar keine Einheit, keine Identität in Harmonie, und würde auch nie dazu kommen. Der Mensch in seinem Schicksal, von dem die innere Stimme ein Echo war, verharrte vor der Welt wie vor einem Bild, ein Ausgeschlossener, ein Fremder, ein Außenstehender, auch wenn er in der Welt zu handeln glaubte.

29

Der Urlaub auf der Insel Rügen ging zu Ende, und das frisch vermählte Paar mit seinen strukturellen Eheproblemen bestieg ein Segelschiff, um zurück zum Festland zu fahren, nach Stralsund wahrscheinlich. Von der Rückfahrt gibt es ein Bild, *Auf dem Segler*, eine Art Versöhnungsbild, als hätten sie sich nach dem Streit über die Pflichten und die Freiheiten in der Ehe geeinigt. Die Stimmung zwischen ihnen war wieder gut, es herrschte Eintracht, wie es in guten Ehen sein soll. Genau das zeigt das Bild, eine Rückkehr in den Hafen der zufriedenen Eheleute, mit eindeutigen Grenzen für beide, und das bedeutete, mit einer strikten Raumaufteilung, Haushalt, Ehefrau und Ehemann hier, Atelier und Künstler dort. Wenn er Frauen malt, dann lesen sie in einem Buch, gehen eine Treppe im Haus hoch, lehnen sich aus dem Fenster und schauen nach draußen oder sind draußen, in der Natur. Stickende, kochende, Wäsche waschende Frauen malt er nicht. So weit in den Alltag treibt ihn sein traditionelles Rollenverständnis nicht, wenn er im Atelier arbeitet.

Die junge Frau, Line, steht nicht an der Seite eines jungen Handwerkers oder Advokaten, die einem ganz normalen Beruf nachgehen, morgens das Haus verlassen und abends zurückkehren, um dann für die Familie da zu sein. Sie steht an der Seite eines schon in die Jahre gekommenen Künstlers, der nicht nur Zeit und Ruhe für seine Arbeit braucht, sondern ein sehr intimes Verhältnis zu seiner Arbeit hat, von der andere ausgeschlossen sind. Diesem Bedürfnis, dieser Freiheit lassen sich nicht einfach Grenzen ziehen, wie sich das die Ehefrau in schwierigen Stunden mit ihrem Mann vielleicht wünschen mag.

Das Paar sitzt eng beieinander ganz vorne im Segelschiff, als könnte es die Ankunft nicht erwarten, mit der eine gute gemeinsame Zukunft beginnen soll. Sie trägt ein rotbraunes Kleid und er einen blaugrünen Anzug, und beide schauen dieses Mal in die gleiche Richtung, in die Ferne. Auch hier haben Friedrich-Kenner darauf hingewiesen, dass der Mann die altdeutsche Tracht trüge, und das Bild als politisches Bekenntnis gedeutet. Aber damit ist nicht viel gewonnen. Die Farben der Kleider verraten mehr über die ehelichen Ideale und Wünsche des frischvermählten Paares. Rot ist die Liebe, braun die Erde, grün ist die Hoffnung und blau die Treue. Vom Ziel ihrer Reise ist noch nicht viel zu erkennen, nur Silhouetten, die einsam und spitz in der Ferne in die Höhe ragen, wie Kirchtürme. Diese Erscheinung sieht ein wenig gespenstisch aus, als würden sie auf eine Geisterstadt zufahren. Aber was auf ihn wartete, das war Arbeit, und was auf sie wartete, das waren Pflichten, und beides war für gute Protestanten mit Freude, Geduld und Demut zu erfüllen. Sie sprechen sich deswegen sicherlich Mut zu, sie müssen nicht viel sagen, es reicht ein Händedruck.

Auch Carl Gustav Carus wird, angeregt durch seinen schwierigen Freund Friedrich, ebenfalls eine Reise nach Rügen antreten, über deren Rückfahrt er festhält:

»Am 21. früh schifften wir bei frischem Winde uns wieder in einem kleinen Fischerboote ein, segelten zwischen Rügen und Hiddensee diesmal rasch und ohne Aufenthalt rüstig hindurch, daß oftmals der spritzende Schaum der herrlichen Wellen ins kleine Boot schlug, und nach einigen Stunden tauchten im Süden die alten Thürme von Stralsund über dem Horizont herauf, das wir denn auch schon in den Mittagsstunden glücklich erreichten.«

Es sind sehr viele Türme, Kirchen, die vor dem jungen Paar in der Ferne aufschimmern, als liege Gottes Segen für die beiden bereit. In ihrer Haltung, so wie sie hier, Hand in Hand, einträchtig über das Wasser schauen, drückt sich der Glauben aus, dass alles gut wird. Sie werden zusammenhalten, dort vorne ist es ja hell. Das Meer ist nicht blau, sondern dunkelgrau, und auch der Himmel ist nicht blau, sondern weiß und etwas gelb, aber das Grau und das Weiß und das bisschen Gelb flimmern, wie die Luft und das Wasser es tun, wenn die Sonne aufgeht und die Kühle und die Dunkelheit der Nacht vertreibt und das Licht beginnt, die Farben zurückzubringen auf die Erde und die

Wärme. Dahin, ins werdende Licht, schauen die beiden vor allem, nicht nur auf die fernen Schemen, die unheimlich und unwirklich aussehen. Dort vorne steigt die Sonne aus dem Meer. Schon wirft sie ein goldenes Licht über das Wasser und taucht die Segel in ein warmes helles Gelb, das in dem Leinen verborgen lag die ganze Nacht und erst jetzt wieder zum Vorschein kommt. Das Holz des Schiffes leuchtet auf in einem warmen Braun, kaum dass die Sonnenstrahlen darüber streichen, und auch auf das junge Paar fällt das Licht des beginnenden Tages.

Früh am Morgen haben sich Friedrich und Lina eingeschifft. Obwohl sie auf dem Meer sind und der Wind in die Segel bläst, ist ihnen nicht kalt. Sie tragen keine Mäntel, sie haben sich nicht in Decken gehüllt. Die Sonne, die auf dem Bild unsichtbar für den Betrachter aufsteigt, ist die Sonne des Sommers. Gleich kommt sie mit ganzer Pracht und viel Wärme, ein Versprechen, das die Herzen und das Gemüt erhebt. Die letzten Züge des Kampfes, der hier auf dem Meer ausgetragen wurde, zwischen der Nacht und dem Tag, zwischen der Dunkelheit und dem Licht, der kalten Luft und der wärmenden Sonne, sind noch zu sehen und zu spüren in der Dynamik des Bildaufbaus. Der Wind fährt ganz leicht in die großen schweren Segel und drückt das Schiff dadurch etwas auf die Seite und den Mast, dessen Anfang und Ende nicht zu sehen sind, aus der Senkrechten. Das junge Paar am Bug hält mit seinen von der Erwartung geneigten Körpern dagegen und verströmt auf diese Weise eine sanfte Kraft, die das Schiff nicht abtreiben lässt, sondern auf Kurs hält, als stünden der Glaube und die Zuversicht am Steuer. Die Eheleute halten einander an der Hand wie an dem Tag, als sie sich in der Kirche das Jawort gegeben haben. Daran erinnern die vielen Kirchtürme weit hinten im Nebel. Sie sind nicht nur Mann und Frau, sondern ein Ehepaar, auch wenn er ein Künstler ist, mit eigenen Ansprüchen und Vorstellungen.

30

Die Mühseligkeiten und Niederungen des Alltags, die kleinteiligen Nöte der unmittelbaren Gegenwart, wie der Anbau von Kartoffeln, der Ausbau von Häusern, das Krankenlager und die Gebrechen des Alters, haben ihn als Maler nicht interessiert. Sein künstlerisches Ethos war darüber erhaben, so wie Philosophen die Höhen des Begriffs den Meinungen der Straße vorziehen. Um 1817/18 wird wahrscheinlich das Gemälde *Der Wanderer über dem Nebelmeer* fertig, das nicht signiert ist, eines Tages aus dem Blick der Öffentlichkeit verschwand und in den dreißiger Jahren des letzten Jahrhunderts in einer Berliner Galerie aus der Versenkung auftauchte. Die Datierung auch dieses Bildes schwankt etwas, so wie seine Deutung. Es kam sogar der Vorschlag auf, in dem Mann, der auf dem Gipfel steht, den 1818 verstorbenen Pastor Franz Christian Boll zu sehen. Der Maler hätte ihm damit nicht nur eine Stele gewidmet, sondern auch eine große Rückenfigur. Sie erhebt sich selbstbewusst im Gebirge über dem Nebel, der sich unter ihr zusammengebraut hat und den Bewohnern der Täler den Blick in den Himmel verstellt. Wäre dem so, dass dies Boll ist, dann hätte den Pinsel die Hand eines Malers geführt, der sich nach achtzehn Jahren, nach einer gemeinsamen Wanderung, immer noch als Schüler fühlt und seinem Lehrer, den er bewundert und der ihn haushoch überragt, völlig unterlegen. Dass der Gemeinde-Befürworter Boll, der die Kirchen wieder voll kriegen wollte, sich in der elitären Position eines einsamen Wanderers über einem Nebelmeer gerne gesehen hätte, ist nicht sehr wahrscheinlich.

Der Mann auf dem Gemälde ist von hinten zu sehen. Er steht auf einem felsigen Vorsprung, hoch über einer Gebirgslandschaft, die von Nebelwolken nahezu bedeckt ist. In weiter Ferne ragt ein Berggipfel auf. Der Mann sieht städtisch aus. Er hält einen Stock in der Hand, den er fest auf den Boden stemmt. Nichts scheint ihn von der Stelle, aus seiner Bahn bewegen zu können, er fixiert und verfolgt mit eisernem Willen sein Ziel. Ihn treibt nicht der bürgerliche Erfolg. Dann stände er nicht hier oben, fern der Alltagswelt, in der er sich bewähren und durchsetzen müsste, sondern säße an seinem Arbeitsplatz. Eine Vision hat ihn gepackt, die ihn über die begrenzte Wirklichkeit der alltäglichen Arbeiten erhebt. Er folgt dabei vielleicht nur einem inneren Drang, seiner Natur, seinen Fähigkeiten, seinem Talent, das ihn in die Einsamkeit treibt, dorthin, wo er Zeit und Raum hat, seinen Ideen und Gedanken nachzuhängen.

Er steht so selbstbewusst da wie der Mann auf dem Gemälde *Kreidefelsen auf Rügen*, der sich an einen Baum lehnt mit verschränkten Armen und auf das Meer hinausschaut. Die beiden Männer hängen zusammen. Dieser hier, der Wanderer über dem Nebelmeer, repräsentiert das Ideal des Künstlers. Jener dort, der Mann auf den Kreidefelsen, trägt es in sich als eine imaginäre Inkarnation seiner künstlerischen Wünsche und Triebe. Der Wanderer macht einen heroischen Eindruck, er blickt wie ein König über die Gipfel und vor allem über die Täler des Alltags hinweg. Der Künstler im Sinne Friedrichs war ein Visionär, der sich über die akademischen Regeln der Kunst und die Normalität bürgerlicher Existenz hinwegsetzen durfte. Ein Genie ließ sich von fremden, unbefugten Händen keine Grenzen ziehen. Es beharrte auf seinem Eigensinn und seiner Eigenart, auf der Macht der inneren Bilder. Das Nebelmeer, das sich vor dem Wanderer ausbreitet, gleicht der Tiefe der Gefühle und Ahnungen, aus denen die Visionen steigen, die sich dem inneren Auge des Künstlers zeigen.

Dieses Bild konnte auf Friedrich in schwermütigen Stunden wie ein antidepressives Arzneimittel gewirkt haben, mit dem er sich seiner selbst, seines Künstlertums vergewissert, als es von seinen Zeitgenossen immer mehr in Frage gestellt wurde. Im Jahr 1819 besucht ihn zwar Prinz Christian Frederik von Dänemark in Dresden und im Jahr darauf der russische Großfürst Nikolaus. Aber die Kunstkritiker sind skeptisch. In einer Rezension über eine Ausstellung in Dresden aus dem Jahr 1820 heißt es: »Friedrich gerät von Jahr für Jahr tiefer in den dicken Nebel der Mystik, nichts ist ihm nebelig und wunderlich genug, er grübelt und ringt darnach, das Gemüt durchaus auf das Höchste zu spannen. Seine Gebilde hören zum Teil schon auf, Kunstwerke zu sein.«

Mit sechsundvierzig Jahren muss er erkennen, dass er den Kontakt zu seiner Zeit verliert. Er beginnt, sich abgehängt zu fühlen, missverstanden. Die Erfahrungen, die er als Maler gesammelt hat, scheinen ihm bei den Kunstkritikern nicht zu helfen, sie scheinen nicht zu zählen. In anderen Berufen ist das anders. Jedes Berufsjahr wird hier wie auf einem Konto gehortet als Erfahrungsschatz und wirft Zinsen ab als Ausweis für Qualität. Der Künstler ist abhängig vom wechselhaften Wetter des Geschmacks, aber er lässt sich dadurch nicht von seinem Weg abbringen und steht dann eines Tages da wie der Wanderer, selbstbewusst, aber verloren, mit Visionen, aber ohne ein sichtbares bürgerliches Ziel, und schaut ins Blaue. Die Luft hier oben ist dünn. So weit abgeschieden, so einsam zu sein ist nicht jedermanns Sache.

Der Titel *Der Wanderer über dem Nebelmeer* stammt nicht von ihm. Den haben sich, wie oft bei Friedrichs Bildern, spätere Zeiten in ihrer Deutungsnot einfallen lassen.

Im Grunde ist dieses Gemälde ein interaktives Bild. Es fordert den Betrachter zu einer Handlung heraus. Er steht nicht nur davor und überlegt sich etwas oder genießt, am Rücken des Wanderers vorbei, die Aussicht. In ihm wird durch das Bild ein Impuls geweckt, etwas zu tun, sich zu dem, was gezeigt wird, zu verhalten, einzugreifen. Es geht nicht um ein Gefühl, das die Landschaft in ihm wachrufen würde. Den Wanderer muss er nicht mögen. Dafür liegt kein Grund vor. Nicht einmal sein Gesicht sieht er. Doch er könnte sich eine Geschichte ausdenken, in der der Wanderer eine Rolle spielt und die ihm ein Motiv in die Hand drückt, warum er für ihn dies oder das empfindet. Den anonymen Wanderer würde er sich dadurch menschlich und psychologisch nahebringen. Doch bevor er damit anfangen kann, hat das Bild eben schon einen Impuls in ihm ausgelöst, dass er etwas tun soll, als seien die gewohnten Verhältnisse aus ihrer Ordnung geraten und er müsse sie wieder einrenken, als verliefe ein Riss durch den bürgerlichen Alltag und dessen Empfindungswelt. Die Komposition, die Größenverhältnisse des Gemäldes sind hier entscheidend, dass der Wanderer in seiner Selbstherrlichkeit so viel Platz einnimmt und noch dazu in der Mitte steht. Sein arrangierter Auftritt ist ein Affront, die Inszenierung des Genies, des Außenseiters, der Ausnahmeerscheinung. Er provoziert Mitwelt und Umwelt, denen er allen den Rücken zukehrt, die kalte Schulter zeigt.

Die Bilder der Tradition sind voller Untaten, Mord, Misshandlung, Gemetzel, Kriege und Schiffbrüche. Doch die Betrachter bleiben ruhig, sie schauen sich das Geschehen an und denken sich ihren Teil. Sie fühlen sich nicht aufgefordert, etwas zu tun. Vor den Gemälden regiert die Passivität, das Phlegma. Hin und wieder löst sich ein Seufzer über das Elend der Welt und die Grausamkeit der Menschen, aber das war es dann auch schon.

Bei Friedrich steht ein Mann da wie der Herr aller Gipfel und Täler, als wäre er Faust oder Mephisto. Goethes Drama *Faust*, der erste Teil, war 1808 erschienen. Das Bild reißt den Betrachter aus der Zurückhaltung, die die Kunst ihm normalerweise auferlegt. Er fühlt sich aufgefordert einzuschreiten, dass er den Wanderer dazu bringe, sich umzudrehen, sich zu zeigen und ihn, den Betrachter, seine Mitwelt, wahrzunehmen. Aber er dreht sich nicht um, er zeigt sich nicht, und diese Sturheit und Sicherheit, dieses Selbstbewusstsein konnte einem Künstler guttun, wenn er sich angegriffen oder missverstanden fühlte.

31

Für den protestantischen Maler war die Begegnung mit einer fast zwanzig Jahre jüngeren Frau nicht nur ein körperliches Erlebnis, sondern auch eine Herausforderung für seine ordnungsliebenden Kräfte. Er musste die junge Frau, die an seiner Seite leben wird, in sein Weltbild integrieren, ihr dort einen Platz zuweisen, der sich aus ihrer Natur ergab, aus ihrer natürlichen Bestimmung, wie er sie sah. Diesen Ort hat er in einem Gemälde definiert und festgehalten, das den Titel trägt *Frau vor der untergehenden Sonne* und das 1818, im Jahr der Heirat, gemalt wurde. Nicht ausgeschlossen ist, dass die Sonne gerade aufgeht. Wenn man das Bild neben den *Wanderer über dem Nebelmeer* hängt, dann sieht man, was ihm auf Rügen und auf der Rückfahrt nach Stralsund über die Ehe durch den Kopf ging, wo er die Grenzen zog zwischen ihr und ihm und welche Ideale für beide Seiten er sich ausmalte.

Line fiel ihm bei dieser Arbeit nicht korrigierend in den Arm, und so steht eine junge schlanke Frau auf den letzten Metern eines Weges, der auf das freie Feld und in die Natur übergeht, groß in der Mitte des Bildes, und schaut der Sonne zu, wie sie untergeht und ihren Tageslauf zu Ende bringt oder aufgeht und ihren Tageslauf beginnt. Sie wendet den Rücken dem Betrachter zu. Wie der Wanderer sucht auch sie nicht das Gespräch mit dem Betrachter. Um den Austausch von Gedanken geht es hier nicht, sondern um das eigene Gesetz, dem sie folgen muss, so wie eine Sonnenblume sich zur Sonne neigt und im Winter die Zugvögel ihrem Drang nach dem Süden folgen. Ihre Arme sind leicht abgewinkelt, als sei sie bereit, den Segen der Erde zu empfangen. Das Kleid, hochgeschlossen, bis zum Boden reichend und mit langen Ärmeln, verhüllt einen jungen Körper. Doch es kann nicht verhindern, dass der Körper sich sein Recht nimmt und sich seiner natürlichen Bestimmung zuneigt und damit das Schicksal der Frau besiegelt. Sie wird Kinder gebären. Kultur und Natur, heute würde man sagen Gender und Sex, werden in der Frau, wie Friedrich sie hier zeigt, zu einer Einheit. Sie kann der Lebensbahn, die das Geschlecht ihr in seinen Augen vorschreibt, nicht entkommen und sie nimmt dieses Los vor einem Panorama von Wiesen und Bergen mit Freuden an. Der warme gelbrote Himmel verspricht eine erfüllte Zeit, einen schönen kommenden Tag und viele Kinder.

Das Bild ist eine Allegorie der weiblichen Fruchtbarkeit. Die dramatische Inszenierung der Natürlichkeit der Frau lässt keine metaphysischen Finessen über Schein und Sehen sowie über die deutsche Geschichte aufkommen. Es geht um Mann und Frau, um die Ordnung der Geschlechter und die schöpferischen Potentiale. Der Wanderer über dem Nebelmeer hatte sich über den Alltag und die Natur erhoben dank seiner intellektuellen und künstlerischen Fähigkeiten. Die Frau im weichen Glanz der Sonne neigt sich der Erde zu dank ihrer Fähigkeit, die zu ihrer Bestimmung wird, Kinder zu gebären. Wenn es um die Deutung einer Realität ging, die sich aus dem Zusammenleben ergab, war Friedrich letztlich ein Produkt seiner Zeit, stur, engstirnig, ein typischer Mann.

Dieses Gemälde ist nicht das einzige, bei dem die Einbildungskraft keinen metaphysischen Aufschwung nimmt. Schon beim *Morgen im Riesengebirge* aus dem Jahr 1810/11 und bei der *Vision der christlichen Kirche* von 1812 war sie in konventionellen Vorstellungen hängengeblieben. Sicher lieferten auch hier innere Bilder die Vorlagen. Sie erlauben Rückschlüsse auf seine Psyche und seine Phantasie, die manchmal aus einem allgemeinen visuellen Reservoir zu schöpfen scheint. Die beiden Gemälde sind Apotheosen des christlichen Glaubens. Doch jede metaphysische Tiefe wird hier durch pathetische Gesten verspielt. Auf der *Vision der christlichen Kirche* soll eine riesige gotische Kathedrale, die sich wie eine Geistererscheinung am Himmel abzeichnet, dem Treiben zweier heidnischer Priester im Vordergrund ein Ende setzen. Auf dem Bild *Morgen im Riesengebirge* reicht eine junge blonde Frau in langem weißen Kleid, die auf dem vorderen, höchsten Gipfel einer Berglandschaft steht, und zwar direkt unter einem Kreuz, ihrem Begleiter die Hand zum letzten Schritt nach oben, als zöge Eva ihren Adam aus dem Sündenschlamassel hinauf in das Glück der christlichen Ehe.

Vielleicht wird Line vor der Heirat geahnt haben, auf was sie sich mit ihm einließ. Das Leben an der Seite eines Künstlers konnte mehr versprechen als die üblichen Ehen, und das war ein Vorteil angesichts der Aussicht, aus dem Haus und dem Haushalt, war sie erst einmal Ehefrau und Mutter, nicht mehr herauszukommen.

Von diesem Los, das mit Gelassenheit zu tragen sei, erzählt das Bild *Frau am Fenster* aus dem Jahr 1822. In der Mitte steht eine schmale Frau. Sie ist von hinten zu sehen und schaut aus den unteren, kleineren Flügeln eines sehr hohen Fensters nach draußen. Mehr ist vom Zimmer nicht zu sehen. Sonnenstrahlen fallen herein und erleuchten eine Seite der Fensternische. Wenn man den Ausblick berücksichtigt, den es bietet, kann man annehmen, dass es sich im ersten oder gar im zweiten Stock eines Hauses befindet. Die Wände des Zimmers schimmern lebendig in braungrauen Tönen, der Fensterrahmen und das Fensterbrett sind graublau, und diese warmen Farben wiederholen sich im langen faltenreichen Kleid der Frau, was den Eindruck erweckt, dass die Frau hierher gehört, ins Haus. Der Himmel strahlt hellblau, die Blätter der Bäume leuchten hellgelb. Es muss ein schöner Tag sein. Wer würde jetzt nicht gerne raus in die Sonne gehen. Die Masten zweier Segelschiffe erheben sich vor dem Fenster. Das Haus muss direkt am Wasser liegen. Der Kopf der Frau, wie ihr Oberkörper, neigt sich leicht zur Seite. Er bildet den Mittelpunkt des Bildes. Auf ihm liegt die Aufmerksamkeit des Betrachters, in ihm fokussiert sich die Dynamik eines Geschehens, das nicht zu sehen, aber zu spüren ist.

Die Frau schaut aus dem Fenster, als würde sie sich ein Bild genauer ansehen. Fast berührt ihre Nase die unsichtbare Leinwand. Ginge es darum, dass ein Schiff in den Hafen fährt und entladen wird, dann hätte Friedrich das malen können. Doch hier spielt etwas anderes die entscheidende Rolle, der Gegensatz von äußerem und innerem Bild. Was er von der Außenwelt zeigt, reicht für den Eindruck aus, dass die Frau in eine umtriebige Welt sieht, deren Bewohner ihrer Arbeit, ihren Beschäftigungen nachgehen. Die leichte Neigung ihres Körpers weist auf eine innere Spannung hin, auf Neugier. Würde sie in einen verlassenen grauen Hinterhof blicken, sie stände anders da.

Schon auf den *Kreidefelsen auf Rügen* richtete sich der Blick des Künstlers in die Ferne, auf Visionen, und die Frau begnügte sich mit dem Nächstliegenden. Er übt sich in Ahnung und Versenkung, sie gibt ihrem kurzlebigen Interesse nach. Immer aber sind es letztlich Bilder, die sich zeigen. In wenigen Minuten wird die Frau vom Fenster zurücktreten, es schließen und sich wieder ihrer Hausarbeit widmen. Die beiden Fläschchen, die auf dem Fensterbrett stehen, haben Kenner Friedrichs als Malutensilien identifiziert und damit den Schluss nahegelegt, dass die Frau sich im Atelier des Künstlers befindet. Offenbar ist er nicht da, sondern aus dem Haus gegangen. Friedrich zeigt die junge Frau nicht vor der Staffelei, wo sie sich ein Bild, an dem er gerade malt, anschaut. Nichts deutet darauf hin, dass hier noch gearbeitet wird. Die Fläschchen auf dem Fensterbrett machen den Eindruck, dass sie hier vergessen worden sind und jetzt ein Stillleben darstellen. Oder schaut Line aus dem Fenster, um zu sehen, ob Friedrich gerade zurückkommt, damit sie rechtzeitig das Atelier wieder verlassen kann? Wenn sie in Eile wäre, hätte sie den Fenstergriff noch in der Hand, um es rasch schließen zu können. Aber sie sieht im Gegenteil ruhig und selbstvergessen aus. Vielleicht ist es so, dass sie der Kunst den Rücken kehrt und lieber in die Welt als auf eine Leinwand schaut, dass sie sich nicht besonders für das interessiert, was er macht, dass er die Tür zum Atelier offen stehen lassen kann und die Grenzen zwischen Kunst und Alltag nicht bewachen muss, zwischen seinem und ihrem Bereich. Nach vier Jahren Ehe hat er das endlich begriffen, und diese Erkenntnis, dieses Gefühl scheint ihn zu beruhigen.

Manche Veränderungen geschehen viel rascher, wie wenn man aus einem warmen Zimmer in die Kälte tritt oder eine Stimmung mit einem Satz kippt, aber man nimmt die Erinnerung an das Zurückliegende mit, so dass sich dann zwei Gefühle überlappen, ohne sich zu vermischen. Das Gemälde *Frau am Meer*, das auch den Titel *Frau am Strand von Rügen* trägt, macht den Eindruck, als wäre es vor der Ehe und den mit ihr aufgeworfenen strukturellen Problemen gemalt worden. Doch soll es im Jahr 1818 entstanden sein, als Friedrich und Caroline heirateten und die Liebe eine feste Form erhielt. Eine fremde Frau und ein fremder Mann werden ein Ehepaar, was manchmal, wie in diesem Fall, recht schnell geht und wodurch die Gefühle strapaziert werden. Die Fremdheit kann von der Liebe nicht sofort und nicht restlos aufgelöst werden. Immer wieder gibt es Momente, in denen der geliebte Mensch in eine Ferne rückt, die unerreichbar für den anderen ist. Sie erinnert ihn daran, dass die Nähe die Folge eines Gefühls ist, das wie ein weiches Tuch eine grundlegende Distanz zu verbergen vermag, die ein Paar bei aller Liebe trennt.

Eine Frau in einem langen roten Kleid liegt auf einem Felsen am Strand, sie stützt sich mit einem Arm auf und schaut aufs Meer hinaus, das nicht in einem satten Blau strahlt, sondern dunkelgrau schimmert, wie immer dann, wenn die Sonne kaum scheint und es aufgewühlt ist. Der Himmel ist hellgrau, mit einem violetten Stich, wie wenn der Tag sich langsam zu Ende neigt oder das Wetter dabei ist umzuschlagen. Zarte weiße Wolken ziehen dahin, als hätte auch sie eine Unruhe erfasst. Die Frau kehrt dem Betrachter den Rücken zu. Auf dem Meer sind sieben Segelboote. Der Wind braust in ihre Segel, fünf fahren in einer Linie nahe am Ufer und liegen schräg auf der Seite, zwei zeichnen sich am Horizont ab. Vorne spannen sich Fischernetze, und die Vermutung ist sofort da, dass die Segelboote von Fischern gesteuert werden, die auf dem Weg nach Hause sind. Im Hintergrund erheben sich Kreidefelsen. Die Frau im roten Kleid muss Line auf Rügen sein. Die fünf Segelboote preschen am Strand entlang, als wollten sie die junge Frau, die alles beobachtet, grüßen, ihr irgendetwas sagen. Zwischen der Frau, die elegisch daliegt, und den Segelbooten, die aufgeregt und wild, wie mit klopfendem Herzen, im Wind segeln, entsteht eine Beziehung. Die Frau in Rot neigt sich nach links und die braunen

Boote brausen nach rechts. Diese gegenläufigen Bewegungen erzeugen eine Spannung, die sich auf den Betrachter überträgt. Ganz anders wäre es, hätte sich hier ein alter Mann ausgestreckt und sähe, eine Pfeife in der Hand, den Fischern zu. Nichts würde sich dann übertragen als Ruhe und Behaglichkeit, und man würde denken, dass der alte Mann früher auch aufs Meer gefahren sei, um zu fischen, und hier seinen Erinnerungen nachhängt. Da es aber eine junge Frau ist, die auf dem Felsen ruht und aufs flirrende Meer schaut, und da die Segelboote den Eindruck machen, als würden sie von ihr magisch angezogen und wollten ihr mit schneller Fahrt und in wagemutiger Schräglage imponieren, ja ihr zuzwinkern, entsteht eine erotische Spannung wie zwischen einer Frau und einem in sie verliebten Mann, der sich ganz seinen Gefühlen hingibt und noch nicht von den Sorgen um die Ordnung einer Ehe geplagt ist. Er sieht nur die begehrte Frau. Der Betrachter des Bildes fühlt sich nicht dazu gedrängt, sich an ihre Stelle zu setzen. Er bleibt auf der Position eines Beobachters und wird dennoch, wenn er nicht völlig starr und steif ist, von der erotischen Spannung des Bildes ergriffen, das ein protestantischer Maler der Frau seiner Sehnsüchte, dem natürlichen, von sozialen Rollen noch nicht eingezwängten Spiel zwischen ihr und ihm gewidmet hat.

Dann kam die Ehe und das geteilte Leben begann, das in Harmonie verlaufen konnte, wenn die beiden sich einig waren. Davon erzählt das Gemälde *Gartenlaube* aus dem Jahr der Heirat, auf dem eine junge Frau, links am Rand sitzend, und ein Mann, rechts am Rand stehend, von hinten in einer Gartenlaube zu sehen sind, deren Öffnung den Blick freigibt auf einen Hopfengarten und eine große Kirche. Der Tag geht zu Ende, das Licht ist dabei, vom Himmel zu verschwinden. Er schaut, wie könnte es anders sein, zur Kirche hin und hat Visionen, sie blickt in den Garten, den Alltag. Die beiden sehen so aus, als hätten sie am Vormittag das Grundstück zu einem günstigen Preis gekauft und säßen nur hier, um in aller Stille ihr Glück zu genießen, auf dem der Segen Gottes ruht. Ein Nest ist erworben, jetzt können Kinder kommen. Im Sommer 1819 wird die erste Tochter geboren, vier Jahre später die zweite. Am 23. September 1821 schreibt Friedrich an seinen Bruder Heinrich, dass er sich freue, wenn sein Bruder im nächsten Sommer ihn besuchen komme und dass sie dann zusammen eine Reise machen könnten, »aber ohne Weibsbilder; denn das ist Lumperei«.

Lumperei bedeutet hier so viel wie Schlamperei, Unordnung, Übertreten von Grenzen, Nachgiebigkeit, was er nicht zulassen möchte. Männer sollten wenigstens bei ihren Unternehmungen außer Haus unter sich bleiben. Wenn man sich jetzt an das Bild *Frau am Fenster* von 1822 erinnert, lässt sich behaupten, dass Friedrich in seinen Vorstellungen über Struktur und Grenzen nicht nachlässig wurde und Line gut mitmachte.

Das Gefüge der häuslichen Ordnung war in jenen Jahren offenbar etwas ins Wanken geraten. Kaum wurden aus Ehefrauen Mütter, etablierten sie mit ihren Kindern eine neue häusliche Macht. Tieck lässt seine Helden über diese Entwicklung klagen, die in der gefürchteten »Lumperei« enden konnte. In der Erzählung *Phantasus* kommen sie auf den Hausstand ihres Freundes zu sprechen:

»Wie wird es aber, fragte Theodor weiter, mit den Kindern gehalten? Wahrscheinlich hat sich doch auch zu ihm die neumodische und weichliche Erziehung erstreckt, jene allerliebste Confusion, die jeden Gegenwärtigen im ununterbrochenen Schwindel erhält, indem die Kinderstube allenthalben, im Gesellschaftszimmer, im Garten und in jedem Winkel des Hauses ist, und kein Gespräch und keine Ruhe zuläßt, sondern nur ewiges Geschrei und Erziehen sich hervor thut, eine unsterbliche Zerstreutheit im scheinbaren Achtgeben; jenes Chaos der meisten Haushaltungen, das mir so erschrecklich dünkt, daß ich die neuen Pädagogen, die es veranlaßt haben, und jene Entdecker der Mütterlichkeit gern als Verdammte in einen eignen Kreis der Danteschen Hölle hinein gedichtet hätte, der nur eine solche neuerfundene allgegenwärtige Kinderstube mit all ihrem Wirwarr und Schariwari moderner Elternliebe darzustellen brauchte, um sich als ein nicht unwürdiger Beitrag jener furchtbaren Zirkel anzuschließen.«

Dass Friedrichs Frau Line selbstbewusst war und in sich ruht, legen die Frauenfiguren auf seinen Gemälden nahe. Auf dem Bild *Mann und Frau in Betrachtung des Mondes*, dessen Datierung zwischen 1830 und 1835 schwankt und in dem, wenn es sich um Friedrich und Line handelt, Erfahrungen aus mehr als einem Jahrzehnt Ehe stecken, steht ein Paar auf derselben Lichtung, auf demselben Fleck, wo früher, im Jahr 1819, zwei Männer wie gute Freunde vor dem Mond nebeneinander standen. Beide sind, wie üblich, von hinten zu sehen, der Mann trägt die altdeutsche Tracht, die Frau ein langes schweres rotes Kleid. Um Kopf und Schultern hat sie einen dunklen Schal gelegt. Sie schmiegt sich nicht an ihren Mann, sondern hält sich frei und selbstbewusst neben ihm. Ihre rechte Hand liegt auf seiner Schulter, aber nicht so, dass man denken würde, sie vermittle ihm mit einem leichten Druck der Hand Mut und Zuversicht oder als würde sie sich auf ihn stützen. Die Geste macht den Eindruck, als ginge es darum zu zeigen, dass hier eine Frau und ein Mann zu einer Einigkeit gefunden haben, wie sie nur entstehen kann, wenn die entscheidenden Ansichten über eine Ehe geteilt werden. Sie sehen nicht aus wie ein frisches Liebespaar, sondern wie bewährte Freunde, die zusammen die Aufgaben des Lebens meistern.

War dieses Bild ein Abbild der Realität oder ein Wunschbild für eine Ehe, die schwierig war, weil er nicht einfach war? Es wird mit ihm für sie nicht einfach gewesen sein, und umgekehrt, aber beide Male aus denselben Gründen, weil er ein ganz normaler Mann war und ein schwieriger Mensch und noch obendrein ein Künstler.

32

Es ist viel Zeit vergangen seit den großartigen Sepia-Bildern von den Fenstern seines Ateliers links und rechts. Wenn man sie sich einmal in Ruhe angeschaut hat, sieht man Fensterflügel, geöffnete und geschlossene, mit einem ganz anderen Blick. Das war 1805/06 gewesen. Damals lebte er schon sieben Jahre in Dresden. Jetzt ist er verheiratet und hat ein Kind, Emma, zwei werden noch folgen. Der russische Staatsrat und Dichter Shukowski besucht ihn 1820 und 1821 in seinem Atelier und kauft Bilder von ihm. Die Verbindung nach Russland wird für ihn und seine Familie wichtig werden. Als er erkrankt, kann er mit dem Geld aus Russland auf Kur gehen, mehrmals. Und von dort fließt der Witwe später eine finanzielle Unterstützung zu, was nicht bedeutet, dass sie und die Kinder davon hätten leben können. Sie war auf die Hilfe der Verwandten angewiesen.

In jenem Jahr 1821 erscheint Goethes Roman *Wilhelm Meisters Wanderjahre oder die Entsagenden.* Warum sollte Friedrich ihn nicht gelesen haben. Das Buch hat ihn anregen können, über sich nachzudenken. Handelt der Roman doch vor allem davon, wie sich ein richtiges, sinnvolles Leben führen lässt, welches Wissen dafür nötig sei und welchen Beruf man ergreifen sollte, um sich, der neuen Zeit der Spezialisten entsprechend, auf hilfreiche und gute Weise mit der Gemeinschaft zu verbinden. Einem Künstler, der darauf pocht, dass er sein Werk erfüllen möchte, mochte die Lektüre dazu dienen, die eigenen Ansichten und Haltungen, die eigenen Lebensmaximen zu prüfen. Der Roman quillt über von Figuren und Gedanken und bot, da jede philosophische Spekulation sich hier in eine Geschichte und in ein Gespräch kleidet, die leicht verständlich waren, dem Leser einen Spiegel, um sich selbst zu suchen und zu finden. Für einen Protestanten, der Selbstprüfungen gewohnt sein musste, war der Roman eine Herausforderung. Vor allem da das Buch den Anspruch hatte, intellektuell den Tendenzen der Gegenwart, der Entwicklung einer arbeitsteiligen Gesellschaft gerecht zu werden, musste es Friedrich an sein Verhältnis zu seiner Zeit erinnern, von der er sich zunehmend abgelehnt fühlte. Sicher war er überzeugt, den richtigen Weg eingeschlagen zu haben, seine kunstkritischen Bemerkungen räumen hier jeden Zweifel beiseite. Doch die Frage mochte ihn quälen, ob sich die Leidenschaft, mit der er seiner Kunst folgte, rechtfertigen ließ vor der Verantwortung als Familienvater. Die Romantiker mit ihrem Drang zur Poetisierung der Welt und ihrer ganzheitlichen Naturphilosophie sahen vor den modernen sozialen Herausforderungen aus wie eine eskapistische Bewegung, die sich der Empirie verweigerte. Als sie einsahen, dass sie der Ordnung der Waren und Wissenschaften unterlegen waren, Zahlen und Formeln die Herrschaft übernommen hatten, warfen sie sich dem Ständestaat und dem Katholizismus in die Arme. Die Natur wurde zum Materiallager, zum Rohstoffreservoir, und das metaphysische Licht, das auf ihr lag und das Friedrich noch gesehen hat, verlor sich. Doch das Gefühl, mochte es sich in seiner Intensität auch wandeln, erhielt sich, dass in der Natur eine Einheit zu finden sei, Wärme, Heimat. Wenn heute vor ergreifenden Ausblicken auf Berge und Meer ein Seufzer sich löst, äußerst sich darin noch verstohlen ein wehmütiger Drang nach Erlösung und Erfüllung.

Im Jahr 1822, als Line zum zweiten Mal schwanger und Emma, die erste Tochter, drei Jahre alt wird, entstehen zwei Gemälde, die um Gefühle kreisen, darum, ob sie mit anderen geteilt werden können oder ob sie im Grunde die Einsamkeit verstärken, eine Erfahrung, die gerade auch ein Paar überwältigen kann, das ein Kind erwartet. Die Bilder heißen *Dorflandschaft bei Morgenbeleuchtung* und *Mondaufgang am Meer*. Die Annahme ist recht banal, dass sie, nur weil sie im selben Jahr entstanden und auf dem einen die Morgensonne durchbricht und auf dem anderen der Mond sich erhebt, als miteinander korrespondierende Tageszeiten-Bilder gedacht seien. Auf dem einen Bild sitzen drei Menschen im Schein eines verhalten violett und gelb schimmernden Abendhimmels auf einem Felsbrocken am Ufer eines glitzernden Meeres. Sie haben dem Betrachter wie üblich weitgehend den Rücken zugekehrt und schauen dem hellen Mond zu, wie er aufsteigt mit der souveränen Zurückhaltung eines Schauspielers, der weiß, dass er auf der Bühne erwartet wird und sich um die Aufmerksamkeit des Publikums keine Sorgen machen muss. Auf dem Meer sind zwei Segelschiffe zu sehen, die auf das Land zusteuern. Wer möchte um diese Zeit noch draußen auf dem Meer sein. Die eine der beiden jungen Frauen hat ihren Arm um die andere gelegt. Sie sitzen sehr aufrecht, eine Haltung, die nicht nur ein strenges Körperbewusstsein verrät, sondern sich instinktiv einstellt, wenn eine affektive Macht einen Menschen ergreift und ihn nach außen drängt, als müsste er sich verlassen, um sich selbst näher zu kommen. Die Frauen scheinen von einer Sehnsucht erfüllt zu sein, von der sie nicht sagen können, auf was sie sich genau richtet. Vielleicht sehnen sie sich einfach nach Leben, nach Erfüllung. Die Hausarbeit mit ihren Pflichten hat wie dickes Moos ihre Wünsche überwachsen. Jetzt aber, da der aufgehende Mond sie daran gemahnt, dass ihr Leben endlich ist wie der gerade zurückliegende Tag, regen sich die Wünsche und steigen im Dämmerlicht auf, wie Boten, die ihr Ziel aus den Augen verloren haben und jetzt endlich mit großer Verspätung ankommen. Die Zeit des Lebens ist begrenzt, und sie spüren, was das heißt, dass eine unergründliche, irritierende Sehnsucht gestillt werden möchte.

Der Mann, der in einem gewissen Abstand neben den Frauen sitzt, trägt ein Barett und sieht wie ein Sonderling, wie ein Künstler aus, der einen Mondaufgang beobachtet, ein Naturereignis der Farben und verschwimmenden Formen. Vielleicht hängt er auch, so wie er angezogen ist, seinen patriotischen Gedanken nach. Aber angesichts der politischen Lage in Sachsen und in den anderen deutschen Ländern würde er dann nicht seinen Kopf hängen lassen und zu Boden stieren? Die Aussichten für Deutschland sind trübe. Anders als die Frauen sitzt der Mann nicht aufrecht da. Aber einen geknickten Eindruck macht er nicht. Sein Rücken ist leicht gekrümmt, wie bei jemandem, der in Gedanken, das heißt ganz bei sich und doch woanders ist. Der Raum des Denkens ist unermesslich, ganz wie die Natur, und die Grenzen zwischen beiden scheinen sich zu verwischen, wenn man draußen in der Natur seinen Gedanken nachhängt.

Der Abend auf diesem Bild ist nicht etwa der Lebensabend des Alters, der im Schatten des Abschieds und der Traurigkeit liegt. Es geht um Gefühle, die von einem Naturereignis geweckt werden und einerseits den Frauen, andererseits dem Künstler zugeordnet werden. Das eine Gefühl treibt die Seele aus dem Innern in die Weite, wie bei einem Tagtraum, bei dem der Träumende mit einem Bein im Alltag steht und mit dem anderen sich vortastet in eine ferne Welt, in der sich Wünsche und Hoffnungen erfüllen mögen. Das andere löst die Grenzen zwischen Ich und Natur auf, so wie es nachts im Traum passiert, wenn das Ich nicht weiß, wie ihm geschieht, oder bei der Lektüre eines Buches, wenn das Ich sich über einer Geschichte vergisst, oder eben beim Anblick einer Naturerscheinung, die das Ich überwältigt und mit unverhofften neuen Erfahrungen konfrontiert. Der aufgehende Mond ruft zwei emotionale Reaktionen hervor, Sehnsucht und Staunen, und die Betrachter des Gemäldes mögen spüren, welcher sie sich näher fühlen.

Der Anlass scheint derselbe zu sein, der Mond geht auf, aber die Gefühle sind nicht gleich. Gedanken mag man mit anderen teilen können. Hier hilft das Reden, das Verständnis, die Logik. Gefühle aber lassen sich nicht als Gefühle kommunizieren. Insbesondere der Künstler bleibt ein Außenseiter, bleibt allein. Er ist einsam bei der Arbeit, wie ein Philosoph. Doch anders als die Gedanken, die jener niederschreibt und die ein Leser nachvollziehen kann, werden die Gefühle, die in ein Bild fließen, nicht gleich sein mit den Gefühlen, die beim Betrachter geweckt werden. In der Natur ergeht es dem Maler nicht anders. Sie treibt ihn in sich hinein. Dem russischen Staatsrat und Dichter Shukowski, der ihn fragte, ob er ihn auf eine Reise in die Schweiz begleiten wolle, erklärte Friedrich seine Ablehnung, so erzählt es Shukowski in einem Brief von 23. Juni 1821 aus Karlsbad an die Großfürstin Alexandra Feodorowna, mit den Worten:

»Sie wollen mich mit sich haben ... aber das Ich, das Ihnen gefällt, wird nicht mit Ihnen sein! Ich muß allein bleiben und wissen, daß ich allein bin, um die Natur vollständig zu schauen und zu fühlen; ich muß mich dem hingeben, was mich umgibt, mich vereinigen mit meinen Wolken und Felsen, um das zu sein, was ich bin. Die Einsamkeit brauche ich für das Gespräch mit der Natur. Einmal wohnte ich eine ganze Woche im Uttewalder Grund zwischen Felsen und Tannen, und in dieser ganzen Zeit traf ich keinen einzigen lebenden Menschen; es ist wahr, diese Methode rate ich niemandem – auch für mich war das schon zuviel: Unwillkürlich tritt Düsterkeit in die Seele. Aber gerade das muß Ihnen beweisen, daß meine Gesellschaft niemandem angenehm sein kann.«

Für den Landschaftsmaler war die Natur nicht unbedingt ein Refugium, das Schutz oder Erlösung bot. Im Gegenteil, sie wurde ihm auf Dauer unheimlich, beklemmend und verstörend. Die Nähe zur Natur schlug in Abweisung um, in Distanz und Verlorenheit, und dann weckte sie die Schatten, die auf der Seele lagerten. Man kann das Wort Düsternis als Synonym für Depression lesen. Nur durch Arbeit konnte Friedrich sein Gemüt im Gleichgewicht halten.

Romantisch klingt dieses Bekenntnis nicht. Es erinnert an Adalbert Stifters abgründige Naturerfahrung und Depression, die ihn 1868 in den Selbstmord trieb. Mit einem Rasiermesser schnitt er sich die Kehle durch. Über Friedrich machte bald nach seinem Tod eine Geschichte die Runde, dass er in jungen Jahren versucht haben soll, sich mit einem Messer das Leben zu nehmen, und dass er die Narbe am Hals unter seinem wallenden Backenbart verborgen hielt.

Das Gefühl von Abweisung und Verlorenheit in der Natur, das alte Wunden bei ihm aufriss und sein Gemüt verdüsterte, verwandelt sich auf den Landschaftsbildern in eine philosophische Stimmung. Der Introspektion, der Einfühlung sich hinzugeben hätte bedeutet, sich auf den Schmerz einzulassen, und das würde im schlimmsten Fall verheerende psychische Folgen haben. Diese Entwicklung ließ sich aufhalten. Gestalterische Kontrolle musste die psychischen Kräfte bändigen, Gefühl sich mit Erkenntnis verbinden und aus dem Chaos eine Form werden. Das innere Bild, vor dem Friedrich in seinem Atelier stand, war deshalb nie reine, ursprüngliche Natur, seelische Wildnis, wo er sich verlieren würde, sondern immer schon geordnet und strukturiert.

Die Altersdifferenz, der kulturell gefestigte Unterschied von Mann und Frau mochten die Einsicht in die Vergeblichkeit der intimen Mitteilung fördern. In einem strengen Sinne leben gerade Paare, ihrer Hoffnung auf Nähe zum Trotz, in einer unglücklichen Distanz zueinander, sie sind voneinander geschieden durch ihr Empfinden, das sie selbst in alle Tiefen nicht auszuloten vermögen, obwohl es sie prägt. Das wusste Friedrich genau.

33

Um Gefühle, die von der Natur geweckt werden, geht es auch auf dem Bild *Dorflandschaft bei Morgenbeleuchtung*. Der Mond, der über dem Meer aufstieg, trieb die beiden Frauen in ihre Sehnsucht und den Mann in sein Staunen hinein und zog sie aufs Meer hinaus. Die Sonne, die morgens ihre ersten Strahlen auf die Erde schickt, hält die Dinge und Menschen an ihrem Platz fest mit der Zuversicht und Wärme, die sie dem beginnenden Tag spendet. Hier, auf dem Gemälde mit der Dorflandschaft bei Morgenbeleuchtung, lehnt ein Schäfer, winzig klein, weil er aus weiter Entfernung gesehen wird, an einer etwas kahlen Eiche. Der Baum ragt groß in die Mitte des Landschaftspanoramas hinein und verbindet wie ein Scharnier die Ebenen, die das Bild gliedern. Eine Schafherde grast im Schatten. Die Landschaft mit ihren Wiesen und Gewässern, die Berge, die sich dahinter erstrecken, liegen schon im frühen wärmenden Licht. Es wird nicht mehr lange dauern, dann werden die Sonnenstrahlen auf den Schäfer und die Herde fallen und sie in das Morgenlicht eingemeinden. Aus den Schornsteinen kleiner Häuser dort hinten, kaum zu sehen an den Ausläufern des Gebirges, kräuselt Rauch, ein Zeichen, dass es Morgen ist. Die Bewohner heizen ein, um die Kälte der Nacht zu vertreiben und vorzusorgen. Offenbar gehen sie nicht davon aus, dass es heute warm wird, so wie es auch in den Tagen zuvor kalt war, vor allem nachts. Es ist Spätsommer, Ende Oktober vielleicht. Die Blätter an den Bäumen und Büschen haben sich verfärbt. Wenn die Sonne an Kraft gewinnt, wird sie die dunklen Wolken vertreiben, und der Tag wird noch einmal schön werden. Die hellblauen Streifen dort oben im morgendlichen Grau scheinen es zu versprechen. Nach den Schatten zu urteilen steigt die Sonne hinter einem Bergzug auf, der sich ungefähr dort erhebt, wo der Betrachter steht. Sein Blick fällt herab von einer Anhöhe, von wo er dieses Naturereignis, einen werdenden Tag, beobachtet. Er kann die Morgenstimmung nur sehen, aber nicht unmittelbar empfinden wie der Schäfer, der ebenfalls dem Aufgang der Sonne zu folgen scheint.

Das Bild hat drei Gefühlszentren. Das eine befindet sich dort, wo die Sonnenstrahlen liegen und die Erwartung sich schon erfüllt hat, dass die Sonne sich zeigt und den Flecken, an dem man steht, in ein wärmendes Licht taucht. Das zweite Zentrum wird vom Schäfer eingenommen, der den Aufgang der Sonne registriert und weiß, dass ihre warmen Strahlen ihn bald erreichen, dass der kalte Schatten weichen wird. Das dritte Zentrum liegt beim Betrachter. Er ist nicht Teil des dargestellten Naturgeschehens, aber er weiß aus Erfahrung, wie es sich anfühlt, an einem sehr kühlen Morgen voller Sehnsucht auf die Sonne zu warten. »Gesetzt auch«, erklärt Friedrich, »XX hätte nicht allemal das dabei gedacht und empfunden, was seine Lobredner darin zu sehen glauben, so ist es doch schon ein großes Verdienst und vielleicht das größte eines Künstlers, geistig anzuregen und in dem Beschauer Gedanken, Gefühle und Empfindungen zu erwecken, und wären sie auch nicht die seinen.«

Die *Dorflandschaft bei Morgenbeleuchtung* lässt sich vielleicht auch psychologisch deuten, nicht indem man sich in den Schäfer hineinversetzt und sich Gedanken darüber macht, ob er verliebt, glücklich, traurig oder einsam ist, sondern indem man dem Lauf des Lichtes folgt und dem Gefühl, der emotionalen Bewegung, die mit dessen Ausbreitung einhergeht. Friedrich hofft auf Heilung, dass der Tag kommen werde, an dem die Sonne, das Leben, die Schatten der Schwermut und der Einsamkeit vertreibt, die Wärme des Werdens sich ausbreitet und das Gefühl von Zusammenhalt stärkt. Er war sieben, als seine Mutter mit vierunddreißig starb. Seine Schwester Barbara Elisabeth Johanna erlag 1782 den Blattern, keine zwei Jahre alt. Sein Bruder Johann Christoffer starb 1787 mit zwölf Jahren, als er versuchte, Friedrich vor dem Ertrinken zu retten. Seine Schwester Maria war dreiundzwanzig, als sie 1791 an Fleckfieber verschied. Friedrich war nicht der Einzige, der dem Tod in frühen Jahren begegnete. Aber er gehörte zu denen, die in der Arbeit keine Ablenkung von diesen Erfahrungen finden konnten. Als Künstler war er ständig in Zwiesprache mit seinen Empfindungen, den Quellen seiner Bilder.

34

Johan Clausen Dahl wohnt seit 1821 bei Friedrich im Haus, im dritten Stock, das Dachgeschoss ist sein Atelier. Die beiden Maler stellen mehrmals zusammen Bilder aus. Im Jahr 1824 kommt Friedrichs Sohn auf die Welt, das dritte Kind. Damals hofft er, zum Nachfolger Johann Christian Klengels an der Dresdner Kunstakademie berufen zu werden, bei dem er selbst noch studiert hat und der dort vor allem Landschaftsmalerei lehrte. Er wird zwar zum außerordentlichen Professor ernannt, wie Johan Clausen Dahl im selben Jahr, aber die Leitung der Abteilung Landschaftsmalerei wird ihm nicht übertragen. Die Akademie befürchtet, dass er »in seiner großen Vorliebe für die Darstellung düsterer und rauher Naturszenen und Genre-Malereyen, welche einen ähnlichen Charakter des Ungewöhnlichen oder des Trüben tragen trotz der unverkennbar großen Genialität seiner mehrersten Kunstschöpfungen dennoch durch die solange fortgesetzte Verwendung eines Talentes auf Gegenstände dieser Gattung, in eine solche Einseitigkeit ausgeartet, daß nunmehr besonders eine freiere und mannigfaltigere Einwirkung auf ihm anzuvertrauende Schüler fast nicht zu hoffen steht ...«

Er wirkt wie einer, der in einem inneren Monolog festgefahren ist. Am Anfang seiner Karriere war die Bildersprache, die sich in ihm entwickelte und die er formte, für Zeitgenossen ergreifend und aufregend. Offensichtlich aber wurde sie von der öffentlichen Wahrnehmung übersetzt in eine Sprache, die sich aus bekannten Bedeutungen zusammensetzte und neuen Mitteilungen, neuen Seherfahrungen nicht den Raum ließ, den sie brauchten, um sich entfalten zu können. So kam die Ansicht auf, dass er sich wiederhole und im Dunkeln und Trüben steckengeblieben sei, wobei dunkel und trüb nur die Augen der damaligen Betrachter gewesen sind. Der Geschmack des Publikums und der Kritiker veränderte sich, und er wusste nicht warum. Er meinte sich selbst, als er schrieb:

»Über Gebühr wurde XX sonst in öffentlichen Blättern gelobt, über Gebühr wird er jetzt in ebenden Blättern und vielleicht von ebenden Leuten getadelt. Mit auffallender Gleichgültigkeit hat er die Lobhudeleien aufgenommen, und mit wenigstens scheinbar verachtender Gleichmütigkeit nimmt er den Tadel an. Die Zeit seines Ruhmes wußte oder benützte er nicht, um sich Geld zu erwerben; ob er aber mit seinem Gleichmut den Schaden wird abwehren können, den ihm die Tadler zu bereiten versuchen, bezweifle ich fast. Diese Herren tragen Bosheit im Herzen, und man sieht wohl, daß es im Rate der Geheimnisvollen beschlossen ist, diesen Mann zu vernichten. Seit Jahren hat man seine Leistungen mit Stillschweigen übergangen, und dennoch sind seine Bilder jetzt erwiesen besser als sonst. Jetzt fängt man an zu tadeln und ebendas zu tadeln und nichtig zu machen, wodurch er sich jederzeit lobenswert ausgezeichnet, und halb und halb zu loben, was nicht zu loben ist – echt jesuitisch.«

Das Gefühl, dass Menschen sich insgeheim zusammengeschlossen hatten, um ihn zu kritisieren und ihn zu vernichten, grenzte an eine Art Wahn. Man mag darin ein Zeichen sehen, wie isoliert Friedrich war, abgeschnitten von einer Anerkennung, die er als Künstler brauchte und die umso schwieriger zu bekommen war, als er sich in einer Sprache ausdrückte und in einer Sprache kommunizierte, die sich von der gängigen unterschied. Dem geläufigen Satz, der hier fallen könnte, dass er die Welt nicht verstand, so wie er sich von der Welt nicht verstanden fühlte, entsprach die Erfahrung, dass in Bildern zu denken und zu fühlen das Gefühl nähren konnte, von einer unheimlichen Stummheit umgeben zu sein, in die sich dann Ahnungen von Komplott und Verrat mischten.

In den Jahren 1823/24 entsteht das Gemälde *Das Eismeer*. Die Erinnerung an jene Winter, als auf der Elbe Eisschollen schwammen, wird für die Wahl des Sujets nicht ausschlaggebend gewesen sein. Friedrich-Kenner vermuten, dass Berichte von Expeditionen im Packeis eine Rolle gespielt haben könnten. Nicht ausgeschlossen ist, dass ihm Johann Gottlob von Quandt, Besitzer einer bedeutenden Gemäldesammlung und Mitbegründer des Sächsischen Kunstvereins, einen Anstoß auch zu diesem Gemälde gab, nachdem er Friedrich einmal gebeten hatte, ein Bild vom Norden zu malen, als Pendant zu einem Gemälde vom Süden aus der Hand Johann Martin von Rohdens. Friedrichs Phantasie mag zudem von der Schwermut aufs Packeis getrieben worden sein. Franz Kafka wird in einem Brief vom Eis des inneren Meeres reden und der Axt, mit der es aufzubrechen sei. Diese Axt ist für Kafka die Literatur. Friedrich wird das Bild nicht gemalt haben können, ohne daran erinnert zu werden, dass sein jüngerer Bruder vor seinen Augen ertrank.

Zwei Drittel des Gemäldes werden von Eisschollen eingenommen, die sich zu einem Berg ineinandergeschoben haben. In der Ferne sind ähnliche Eruptionen aus Eis zu sehen. Der Himmel ist starr, eisig blau. Ganz oben sind einige Schlieren von weißen Wolken zu sehen, als würde er dort zu schmelzen beginnen. Am Fuße des Eisbergs liegt ein Schiffswrack auf der Seite, wie ein Tier, das die Kälte nicht überlebt hat. Der Blickwinkel rückt den Betrachter in eine ebenso desolate Lage. Er muss verloren auf dem Eis stehen und dem Untergang im eiskalten Wasser nahe sein. Die aufgeworfenen Eisschollen ähneln mächtigen Steinplatten, als hätte eine Zivilisation Schiffbruch erlitten. Es sieht nicht so aus, als würde aus dem Untergang etwas Neues entstehen. Dieser Zerfall ist absolut, diese Katastrophe das Ende. Manche Eisschollen sind weiß, andere braun, als gingen die Risse durch das Eis tief hinab bis zum Grund, zu unvordenklichen Anfängen. Das Licht, das auf diese Landschaft aus Eis fällt, ist von tödlicher Kälte, schonungslos, als habe die Natur jede Nachgiebigkeit aufgegeben, den Vorhang zerrissen und damit den alten Schein demontiert, dass sie bewohnbar sei, ein Ort des Lebens. Das Scheitern, um das es hier geht, kann nicht überlebt, repariert und korrigiert werden, es lässt sich nicht wie ein Unfall verdrängen. Das Eis zieht sich hin, so weit das Auge des Betrachters reicht. So wie hier sieht es aus nach der Zeit der Menschen. Das Projekt Menschheit ist gescheitert. Der Betrachter scheint der einzige Überlebende einer apokalyptischen Katastrophe zu sein. Kurz vor seinem eigenen Ende wirft er einen letzten Blick auf die Eiswüste, in die sich die Welt verwandelt hat.

Zum ersten Mal ausgestellt wurde *Das Eismeer* 1824 in Prag. Keine sechzig Jahre später wird Kafka dort geboren. Er wird von einer unheimlichen Welt erzählen, in der alles, was geschieht, nicht mehr in der Hand der Menschen liegt. Die Fäden laufen bei Mächten zusammen, die keiner kennt, als hätte sich das Schicksal einen Beamtenapparat aufgebaut, um besser zu funktionieren, wobei der Sinn des ganzen Vorgehens völlig unklar ist. Die Welt ist absurd.

In der Versenkung verschwindet Friedrich noch nicht. Sein Gemälde *Der Watzmann* wird in der Dresdner Akademie gezeigt, in Bremen werden einige seiner Bilder ausgestellt, auch in Hamburg und in Königsberg. Aber die öffentliche Resonanz befriedigt ihn nicht. Auch der Besuch des preußischen Kronprinzen Friedrich Wilhelm im Jahr 1830 hilft da nicht. Von seinem Wirken als Künstler scheint er sich viel mehr versprochen zu haben. Im Juni 1835 erleidet er einen Schlaganfall. Teilweise gelähmt kann er nur noch mit Mühe arbeiten. Er ist einundsechzig Jahre alt. Jetzt steht er mehr oder weniger am Ende. Ein zweiter Schlaganfall folgt zwei Jahre später.

Friedrich hat, so berichtete Carl Gustav Carus, seinen Kummer und seinen Missmut im Alter an der Familie ausgelassen und seine junge Frau mit Eifersucht verfolgt. Finanziell ging es ihm immer schlechter. Shukowski schrieb 1838 an den russischen Thronfolger Alexander: »Der Ärmste ist schon seit vier Jahren gelähmt, kann nicht malen und leidet Not ... Friedrich ist der beste und würdigste Mensch, aber zum Unglück hat er seine Begabung überlebt ... Helfen Sie ihm ...« Es dauerte, aber schließlich kam Hilfe aus Russland.

Der Umschwung des Geschmacks geschah innerhalb weniger Jahre, Friedrichs Bilder gelten nicht mehr so viel in der Öffentlichkeit, sie werden ausgetauscht mit Bildern anderer Maler, die besser in die Bilderwelt der Zeitgenossen passen, so wie ein Kleidungsstück verschwindet und durch ein anderes ersetzt wird, weil die Mode es so will. Er ist zu seinen Lebzeiten, auch wenn Kronprinzen und andere königliche Häupter ihn besuchen, nicht zu einem Klassiker geworden, dessen Bilder immer gefragt sind. Die Schwermut wächst mit der Einsamkeit, und die Einsamkeit wächst mit dem Gefühl, nicht verstanden zu werden.

Ein letztes Ölgemälde, *Meeresufer im Mondschein*, entsteht um 1835/36. Dunkelblaue Wolken hängen mächtig und tief über einem schwarzgrünen Meer. Die Boote und Segler, die zu sehen sind, machen den Eindruck von Paaren. Ganz sicher spricht hier eine späte Einsicht, dass kein Leben, auch nicht das eines Außenseiters, allein gelingen kann. Als würden sie Stadien eines gemeinsamen Weges beschreiben, liegen vorne am Ufer zwei kleinere Boote, dahinter tauchen, groß im Bild, mitten auf dem Meer, zwei Segler auf, und schließlich sind zwei Schiffe zart am Horizont zu erkennen. Friedrich wird, noch in seinem Missmut und in seiner Eifersucht, gespürt haben, wie wertvoll ihm seine viel jüngere Frau gerade in den schwierigen letzten Jahren war, in denen finanzielle Sorgen, fehlende Anerkennung und die Lähmung ihn verbitterten. Er war einsam, aber nicht allein. Das war von jeher so gewesen. Anders wäre aus ihm kein Mensch geworden. Auf seiner letzten Fahrt wurde er von diesem Gefühl und dieser Erkenntnis begleitet. Es sah so aus, als sei der Wanderer über dem Nebelmeer einen Schritt zurückgetreten und von seinem Gipfel herabgestiegen.

Unmittelbar vor dem ersten Schlaganfall im Sommer 1835 scheint er ein Gemälde fertiggestellt zu haben, das den Titel *Die Lebensstufen* trägt. Der Abend bricht herein, der Himmel ist hell, Gelb, Blau und ein Schimmer Violett. Das Meer liegt ganz ruhig da. Fünf Segelschiffe, zwei kleinere, drei große, unterschiedlich weit weg, sind zu sehen, sie fahren aufs Land zu.

Am felsigen Ufer sitzen zwei Kinder, ein Junge und ein Mädchen, die eine schwedische Flagge in die Höhe halten. Das größte Schiff scheint aus der Mitte des Bildes direkt auf sie zuzusteuern, als würde es von dem Versprechen der Zukunft, das die Kinder ausstrahlen, magisch angezogen. Rechts neben den beiden sitzt eine junge Frau, die sich ihnen zuwendet, links steht ein Mann in den besten Jahren nahe bei ihnen. Zwei kleinere Segelschiffe fahren dem größten auf beiden Seiten voraus und korrespondieren mit dem fortgeschritteneren Lebensalter der Frau und des Mannes, der nach bürgerlicher Sitte einen taillierten Mantel und einen Zylinder trägt. Der Mann, der auf den *Kreidefelsen von Rügen* auf allen vieren am Abgrund herumkroch, das ist jetzt sechzehn Jahre her, war ebenso gekleidet, nur dass sein Zylinder im Gras lag, als habe er ihn dort abgelegt aus Angst, dass er ihm vom Kopf in den Abgrund fallen würde. Der Mann hier, auf den *Lebensstufen*, hat sich von der Frau und den Kindern abgewandt. Er schaut, eine große Seltenheit auf Friedrichs Gemälden, aus dem Bild heraus, zu einem Mann, der einen viel älteren Eindruck macht und an einem Stock in das Bild hineinläuft. Das Gesicht des jungen Mannes mit dem Zylinder wirkt nicht freundlich. Die dunklen Augen blicken streng und vorwurfsvoll. Wie ein Lehrer hat er die rechte Hand erhoben und winkt den Alten herbei, um ihm etwas zu zeigen. Mit einem Finger der linken Hand, am ausgestreckten Arm, weist er auf die Kinder hin, als habe der Alte sich etwas zuschulden kommen lassen und werde jetzt herbeizitiert, um sich bewusst zu werden, was er gemacht hat. Die beiden großen Schiffe am fernen Horizont, deren Konturen verschwommen sind wie Erinnerungen an Ereignisse, die weit zurückliegen oder verdrängt wurden, sind Sinnbilder dieser Rückkehr des Vergangenen, dem gerade am Ende des Lebens nicht mehr auszuweichen ist.

Der Alte trägt ein Barett und einen locker fallenden Mantel mit Pelzkragen, die altdeutsche Tracht, die jedem Künstler, jedem Außenseiter gut steht. Er bewegt sich auf die Gruppe dort vorne zu. Die Dynamik des Bildes geht von ihm aus und von dem größten der Segelschiffe, von der Vergangenheit und der Zukunft. Er hat ein unmittelbares Ziel vor sich, das ihn anzieht, eine junge Familie, die er offensichtlich kennt. In welcher Beziehung er zu ihr steht, lässt sich nicht sagen, ob er der Großvater der Kinder ist, die die schwedische Fahne schwingen, als wohnte die Familie in Greifswald und als würde Greifswald noch zu Schweden gehören. Oder ob diese Familie eine Geistererscheinung ist, etwas, das sich der Alte vorstellt beim Blick zurück auf sein Leben als Ehemann und Vater. Er läuft in den Abendhimmel hinein, in sein Lebensende, das unmittelbar vor ihm liegt. Da er nur von hinten zu sehen ist, kann man nicht erkennen, ob er einen verträumten oder verhärmten Eindruck macht, ob er sich freut, die junge Familie zu treffen. Er lässt den Betrachter neugierig werden, wie ein geschlossenes in einer Front von offenen Fenstern. Man möchte ihm zurufen, er solle sich doch umdrehen.

Die Familie auf den *Lebensstufen* sieht aus wie die Inkarnation von Sicherheit und Glück. Friedrich hat diese bürgerliche Stabilität nie erreicht. Er ging an der Hand seines Schicksals. Das Bild zeigt nicht nur Altersstufen, wie der Titel, der nicht von ihm ist, nahelegt, sondern seine Gefühle beim Rückblick auf sein Leben. Er hatte sich der Kunst gewidmet, war erfolgreich gewesen und bald nahezu vergessen worden. Ruhe und Zuversicht hatte er nicht gewonnen. Die Aussicht, die blieb, war deprimierend. Eine sichere bürgerliche Existenz aufzubauen, wie die junge Familie am Ufer sie symbolisiert, war ihm nicht gelungen, sie lag außerhalb seiner Reichweite als Künstler. Es half kein Hadern, er hatte seinen Lebenskreis ausgeschritten, wie jeder Organismus.

35

Die Philosophie vom Lebensstrom, vom Werden und Vergehen hat er in dem Gemälde *Das große Gehege*, um 1832, festgehalten, das vielleicht das schönste, ungeheuerlichste und modernste Bild ist, das er gemalt hat und das neben die beiden Sepiazeichnungen gehört, die den Blick aus den Fenstern links und rechts in seinem Atelier zeigen, ein geniales Porträt des jungen Künstlers, der hier schon früh bekannte, auf was es ihm ankam und was die ganze Malerei soll, dass es um das Sehen geht, um den wahren Schein der Welt.

Das Gemälde vom großen Gehege zeigt in grünen, braunen, grauen, gelben und hellblauen Farben eine Landschaft vor Dresden. Wiesen liegen da, auch ein Fluss ist zu sehen, auf dem ein Segelboot fährt, Flussausläufer, Baumreihen und der Himmel. Er nimmt etwas mehr als die Hälfte des Bildes ein. Sein schwedisches, protestantisches Gelb und Hellblau, das auch den Himmel der *Lebensstufen* prägt, weckt den Eindruck von metaphysischer Heimat. Der Vordergrund mit den mäandernden Flussausläufern hat eine leicht hyperbolische Form, als würde er in einem Hohlspiegel gesehen. Dieser Eindruck führt dazu, dass man glaubt, die Erdwölbung zu sehen. Die Erde ist rund, aber das ahnen wir sehend meistens nur, wenn wir am Meer stehen und zum Horizont schauen, der sich ganz leicht krümmt. Die Wölbung auf dem Gemälde sieht so aus, als sei Landschaft, als sei Natur in einem radikalen Sinne umfassend und eine andere Welt nicht wahrscheinlich, ja, als sei eine andere Welt für Friedrich nicht möglich gewesen, aber auch nicht nötig. Er verließ seine Heimat nicht, die mit den ersten Blicken entstand, im Radius des frühen Sehens und der Sehgewohnheiten, zu denen Formen und Farben gehören, die dann zu Urformen und Urfarben wurden. Hier blieb er sein Leben lang, so wie jeder Organismus an einen Ort, an sein Umfeld gebunden ist und sich nur dort entwickelt und entfaltet.

Doch es geht bei dem Bild noch um ein weiterreichendes Problem, um eine philosophische Antwort auf das Geheimnis des Lebens. Wenn der Durchmesser eines Kreises immer größer wird, gleicht der Kreis sich für das Auge langsam einer Linie an. Umgekehrt gilt dann auch, dass die Unendlichkeit nicht wie eine Linie gedacht werden kann, sondern einem Kreis ähneln muss. Hieße das aber nicht, dass alles Leben, wenn es seinen Lauf erfüllt hat und am Ende seiner Bahn angekommen ist, wieder eintaucht in den unablässigen Prozess des Werdens und Vergehens, wie das im Jahr 1819 der Philosoph Arthur Schopenhauer, der von 1814 bis 1818 in Dresden lebte, in seinem Buch *Die Welt als Wille und Vorstellung* behauptete? Diese Idee verschmolz das religiöse Gefühl für die geheimen Gesetze des Lebens, das jeder Blick in die Welt und auf das eigene Schicksal weckte, mit einer Metaphysik der Wahrheit, die zutage liegt im

Werden und Vergehen und sich darin erfüllt. Das große Gehege war in diesem Sinne nicht nur ein wirklicher Ort in der Umgebung von Dresden, es war nicht nur ein Bild der Heimat, die einem Menschen aus dem Sehen zuwuchs, sondern auch eine Metapher für eine philosophische Einsicht, in der sich Gefühl und Gesetz verbanden.

Er, Friedrich, würde eingehen in einen übermächtigen Kreislauf, dessen Wirken das größte Geheimnis war. Doch sprach sich dieses Geheimnis still aus, es lag zutage in aller Offenheit, es verbarg sich nicht hinter der Erscheinung der Dinge, sondern erfüllte sich mit ihnen. Es zeigte sich im Ablauf des Tages und im Ablauf der Jahreszeiten, die sich kontinuierlich wiederholten, und es zeigte sich im Ablauf eines jeden Lebens, das in Einsamkeit verklingt. Der Tod verlor seinen Schrecken. »Leben ist der Anfang des Todes. Das Leben ist um des Todes willen«, hatte Novalis in den Fragmenten *Blüthenstaub* geschrieben.

36

Friedrich hat früh schon Friedhofsbilder gemalt und später dann wieder. Um 1837 entstand die großartige Zeichnung *Landschaft mit Sarg, Grab und Eule.* Die Eule sitzt, in der Mitte der Zeichnung, auf einem Sarg, vor ihr das ausgehobene Grab. Direkt über ihr steht der Mond am leicht bewölkten Himmel. Sie sieht den Betrachter aus starren Augen an und scheint darauf zu warten, wie er auf diesen Blick reagiert, ob er näher kommt oder sich aus dem Staub macht.

Von dem damals sehr berühmten, im Jahr 1831 verstorbenen Berliner Philosophen Hegel stammt ein Satz, der sich dank seiner Bildkraft aus dem Zusammenhang löste und ein eigenständiges Dasein führte, wie einige von Hegels Sätzen. Er findet sich in der Vorrede zu seiner 1820 erschienenen Rechtsphilosophie und lautet: »Wenn die Philosophie ihr Grau in Grau mahlt, dann ist eine Gestalt des Lebens alt geworden, und mit Grau in Grau läßt sie sich nicht verjüngen, sondern nur erkennen; die Eule der Minerva beginnt erst mit der einbrechenden Dämmerung ihren Flug.« Die Philosophie erkennt nur, was schon geworden ist. Das Werden kann sie nicht unmittelbar am Schopf packen. Mit dem Leben ist sie nicht gleichauf. Sie bekommt es erst zu fassen, wenn es vor ihr liegt wie ein aufgeschlagenes Buch.

Diesem Zusammenhang von Denken und Leben ist auch die Sepiazeichnung gewidmet. Am Rand der Grube, die gerade ausgehoben worden ist, stecken noch zwei Spaten in der Erde, als wären die beiden Arbeiter, die sich hier zu schaffen machten, geflohen und hätten ihre Spaten in der Eile einfach liegen gelassen, ganz wider ihre Gewohnheit, auf ihre Werkzeuge gut aufzupassen. Das Grab, der Sarg, die Eule, der Mond, dieser Anblick wird ihnen unheimlich geworden sein. Das Leben ist vorbei, jede Erkenntnis kommt jetzt zu spät.

Das Grab befindet sich nicht auf einem Friedhof, sondern liegt irgendwo in einer leeren Landschaft, einer Küstenlandschaft, wo die Wege im menschenleeren Nichts zu verlaufen scheinen. Hier geht es nicht um eine Beerdigung, darum, des Todes eingedenk zu sein. Das Bild ist keine Vanitas-Darstellung. Es veranschaulicht einen Gedanken, der am Ende des Lebens auftaucht, dass sich rückblickend die Dinge anders sehen lassen, aber nicht mehr verändert werden können. In den Augen der Eule, die bei einbrechender Dämmerung ihren Flug aufnahm und sich dann hier auf dem Sarg niederließ, sitzt die tränenlose Trauer dieser fatalen philosophischen Einsicht. Mit ihrem Blick aus den großen starren Augen, der aus einer anderen Welt zu kommen scheint, fixiert sie jede Bewegung, die noch Leben, den Willen zur Veränderung verrät. Wer wagte es, einen Schritt weiterzugehen?

Der Betrachter des Bildes befindet sich auf Augenhöhe mit der Eule, als stünde er in einer Grube, einem Grab und schaute über den Rand zu ihr hinüber. Dort, wo sie sitzt, beginnt eine weitläufige Grenze, die die Wirklichkeit trennt vom Ende aller Dinge. Wer diese Grenze durchschritten hat, der geht verloren, er findet sich, im Rücken der Eule, wieder auf einem weißen Blatt, das keine Zeichen, keine Bilder mehr trägt. Der Schein, der die Welt einzuhüllen vermag und den Friedrich porträtierte, ist verblasst und hat sich ganz aufgelöst, er hat die Sicht freigegeben auf das weiße Ende, das daliegt wie eine letzte Aussicht ins Nirgendwo. Dort hinten, über die schwache Küstenlinie hinweg, hinter der ein unbewohnter Planet zu beginnen scheint, ist keine Form mehr, keine Farbe, kein Strich, nur noch weißes Licht.

Wenn dieses Sepia-Bild die Stimmung einfängt, in der Friedrich seine letzten Jahre verbrachte, dann muss er ein in sich gekehrter, niedergeschlagener Mann gewesen sein, ein innerlich Erstarrter, ein Toter unter Lebenden. Seine letzten Zeichnungen wären, um den Titel des im Jahr 1830 erschienenen erfolgreichen Buches *Briefe eines Verstorbenen* von Hermann Fürst von Pückler-Muskau zu variieren, Bilder eines zu Lebzeiten Verstorbenen. Das metaphysische Licht seiner Gemälde verdämmerte, und was jetzt noch zu sehen war von der Welt, zeigte sich nur in Umrissen und mit leichten Schattierungen von Schwarz und Weiß. So hatte er vor fünfzig Jahren begonnen, mit Skizzen von der Welt, und so, mit Skizzen von ihrem Ende, steht er nun vor dem Tod. Er starb am 7. Mai 1840.

Landschaft mit Sarg, Grab und Eule, 1837

Einige Anmerkungen zum Schluss:

1

Die Briefe von Caspar David Friedrich wurden hier zitiert nach: Zschoche, Herrmann (Hrsg.): *Caspar David Friedrich. Die Briefe.* Conference Point Verlag, Hamburg 2005. Die Zitate sind dort unter dem Datum des Briefes zu finden.

Andere Schriften von Friedrich und Bemerkungen von Zeitgenossen wurden zitiert nach:

Hinz, Sigrid (Hrsg.): *Caspar David Friedrich in Briefen und Bekenntnissen.* 2. Auflage, Henschelverlag, Berlin 1974.

(Die Zitate, in der Reihenfolge, wie sie hier vorgekommen sind, finden sich bei Hinz auf den Seiten: 98, 92, 128; das Zitat aus »C. D. Friedrich« in der *Allgemeinen Encyklopädie der Wissenschaften und Künste* steht auf der Seite 232; 89, 125, 121, 98, 83, 128f., 105, 124, 120; das Zitat von Gotthilf Heinrich von Schubert über Friedrichs Schwermut und Lachen findet sich auf der Seite 221; 105f.; die Zitate aus Wilhelm von Kügelgens *Jugenderinnerungen eines alten Mannes* auf der Seite 218; die Zitate aus Friedrichs Antwort auf den Angriff des Kunstkritikers von Ramdohr auf den Seiten 153, 152; 119, 92; das Zitat von Schuberts Besuch bei Friedrich auf Seite 219f. und jenes über das Bild mit dem Adler über dem Nebel auf Seite 222; das Zitat aus dem Brief von Staatsrat Shukowski auf Seite 227f.; 112, 119; das Zitat von Shukowski auf Seite 228.)

Die Datierung der Bilder richtet sich nach dem klugen, opulent bebilderten grundlegenden Buch von Johannes Grave: *Caspar David Friedrich.* Prestel Verlag, München 2014.

2

Aus der sehr umfangreichen Literatur zu Caspar David Friedrich, im engen und weiten Sinne, möchte ich nur einige Titel erwähnen, aus denen zitiert wurde oder deren Ergebnisse und Analysen hier unmittelbar wichtig waren:

Begemann, Christian: »Brentano und Kleist vor Friedrichs *Mönch am Meer*. Aspekte eines Umbruchs in der Geschichte der Wahrnehmung«, in: *Deutsche Vierteljahrsschrift für Literaturwissenschaft und Geistesgeschichte*, 64, 1990, Seite 54–95.

Busch, Werner: »Protestantische Frömmigkeit und bildende Kunst: Schleiermacher im Gespräch mit Caspar David Friedrich«, in: Arndt, Andreas u. a. (Hrsg.): *Christentum – Staat – Kultur. Akten des Kongresses der Internationalen Schleiermacher-Gesellschaft in Berlin. März 2006*. De Gruyter, Berlin und New York 2008, Seite 253–270.

Grave, Johannes: *Caspar David Friedrich – Glaubensbild und Bildkritik*. Diaphanes Verlag, Zürich 2011 (eine sehr empfehlenswerte Studie).

Hofmann, Werner (Hrsg.): *Caspar David Friedrich und die deutsche Nachwelt*. Suhrkamp Verlag, Frankfurt am Main 1974. (Aus diesem Buch, Seite 28, stammt das Zitat aus der Ablehnung der Dresdner Akademie, die Friedrich nicht einstellen mochte, weil er in seinen Mystizismus zu eingefahren wäre.)

Koerner, Joseph Leo: *Caspar David Friedrich. Landschaft und Subjekt*. Wilhelm Fink Verlag, München 1998. (Ein großartiges Buch, wichtig auch wegen der Bemerkungen zu Friedrichs Historienbildern und deren Verhältnis zu dem, was damals und später Deutsch sein sollte. Auch die Rezension über eine Ausstellung mit Gemälden Friedrichs in Dresden aus dem Jahr 1820 wird nach diesem Buch zitiert, zu finden auf Seite 73.)

Nakama, Yuko: *Caspar David Friedrich und die romantische Tradition. Moderne des Sehens und Denkens*. Reimer Verlag, Berlin 2011. (Ein analytisch sehr gutes Buch, insbesondere in Hinblick auf die Zeichnungen *Blick aus dem Atelier des Künstlers*, linkes und rechtes Fenster.)

Scheven, Friedrich: »Der Neubrandenburger Pastor Franz Boll und sein Landesherr, der Herzog Carl von Mecklenburg-Strelitz«, in: *Das Carolinum, Blätter für Kultur und Heimat*, Sonderheft, Göttingen 1965, S. 5–34. (Dort vor allem die Beschreibung von Pastor Franz Christian Bolls Ärger über das in seinen Augen unwürdige Verhalten seiner Mitbürger unter der Herrschaft der Franzosen.)

Schmalz, Karl: *Kirchengeschichte Mecklenburgs*. Drei Bände. Verlag Friedrich Bahn, Schwerin, und Evangelische Verlagsanstalt, Berlin 1935, 1936, 1952. (Über Pastor Franz Christian Boll und Mecklenburg siehe den Dritten Band, Seite 246f.)

Schneider, Eva Maria: *Herkunft und Verbreitungsformen der »Deutschen Nationaltracht der Befreiungskriege« als Ausdruck politischer Gesinnung*. Zwei Bände. Diss. Univ. Bonn 2002, nur elektronisch.

Stapf, Detlef: *Caspar David Friedrich. Die Biographie*. Okapi-Verlag, Berlin 2019. (Eine sehr quellenreiche, umfassende, unverzichtbare Biographie über Caspar David Friedrich. Wichtig hier unter anderem wegen des Verhältnisses von Pastor Franz Christian Boll und Friedrich sowie wegen der frühen Zeichnung, auf der die beiden zu sehen sein sollen.)

3

Zitiert wird nach folgenden Schriften (wobei in Klammern in entsprechender Reihenfolge die Zitate aufgelistet sind):

Carus, Carl Gustav: *Lebenserinnerungen und Denkwürdigkeiten*. Zwei Bände. Gustav Kiepenheuer Verlag, Weimar 1966 (Band 1, Seite 168, 165, 164, 169, 498, 223, 498).

Fichte, Johann Gottlieb: *Die Bestimmung des Menschen*. Berlin, in der Vossischen Buchhandlung, 1800 (Zweites Buch. Wissen, Seite 172–174).

Ders.: *Grundlage des Naturrechts nach Principien der Wissenschaftslehre. Zweiter Theil oder Angewandtes Naturrecht*. Jena und Leipzig, bei Christian Ernst Gabler, 1797 (Seite 188, 224f.).

Goethe, Johann Wolfgang von: *Nachgelassene Werke*. Zwölfter Band. Stuttgart und Tübingen in der J. G. Cotta'schen Buchhandlung, 1833. Zur Farbenlehre, Abschnitt 900.

Grillparzer, Franz: *Tagebücher und Reiseberichte*. Herausgegeben von Klaus Geißler. Verlag der Nation, Berlin 1980 (Seite 315, 320).

Hegel, Georg Wilhelm Friedrich: *Grundlinien der Philosophie des Rechts*. Berlin, 1821. In der Nicolaischen Buchhandlung (Seite XXIV).

Hoffmann, E. T. A.: Die Serapionsbrüder. Erster Band, in: *Poetische Werke*, Band 5, Walter de Gruyter & Co, Berlin 1957 (Seite 60).

Humboldt, Wilhelm von: *Tagebuch Wilhelm von Humboldts von seiner Reise nach Norddeutschland im Jahre 1796*. Herausgegeben von Albert Leitzmann. Weimar, Verlag von Emil Felber 1894 (Seite 36).

Kleist, Heinrich von: *Sämtliche Werke und Briefe*. Zweiter Band. Hanser Verlag, München 1952 (Zitat aus der Besprechung des *Mönch am Meer*, Seite 327f.).

Novalis: *Werke, Briefe, Dokumente.* Vier Bände. Herausgegeben von Ewald Wasmuth. Band 2 und 3: *Fragmente.* Lambert Schneider Verlag, Heidelberg 1957 (Band 2, Seite 124f., 134f.).

Richter, Ludwig: *Lebenserinnerungen eines deutschen Malers.* Herausgegeben von Max Lehrs. Propyläen Verlag, Berlin 1923 (Seite 62).

Schlegel, August Wilhelm: Die Gemählde, in: *Kritische Schriften.* Zweiter Theil. Berlin, bei G. Reimers 1828 (Seite 168f.).

Schlegel, Friedrich: *Lucinde.* Ein Roman. Erster Theil. Berlin. Bei Heinrich Frölich 1799 (Seite 286).

Ders.: *Kritische Schriften.* Herausgegeben von Wolfdietrich Rasch. Hanser Verlag, München 1956 (*Athenäums-Fragmente,* 26. Fragment).

Schubert, Gotthilf Heinrich von: *Die Symbolik des Traumes.* Zweite verbesserte und vermehrte Auflage. Bamberg, bei Carl Friedrich Kunz 1821 (Seite 1f.).

Tieck, Ludwig: *Franz Sternbalds Wanderungen. Eine altdeutsche Geschichte herausgegeben von Ludwig Tieck.* Erster Theil. Berlin bei Johann Friedrich Unger 1798 (Seite 192f.).

Ders.: Gesellschaft auf dem Lande, in: *Ludwig Tieck's gesammelte Novellen,* vermehrt und verbessert, achtes Bändchen, Breslau, im Verlage Josef Max und Komp. 1838 (Seite 229ff.).

Ders.: *Phantasus. Eine Sammlung von Mährchen, Erzählungen, Schauspielen und Novellen, herausgegeben von Ludwig Tieck.* Erster Band. Berlin, 1812. In der Realschulbuchhandlung (Seite 42).

Ders.: William Lovell, in: *Ludwig Tieck's Schriften.* Sechster Band. *William Lovell.* Ersther Theil. Achtes Buch. Berlin, bei G. Reimer, 1828 (Seite 346).

Ders.: *Novalis Schriften.* Herausgegeben von Ludwig Tieck und Fr. Schlegel. Vierte vermehrte Auflage. Erster Theil. Berlin, 1826. Gedruckt und verlegt bei G. Reimer (Seite XXII).

EBERHARD RATHGEB wurde 1959 in Buenos Aires geboren und kam als Kind mit seiner Familie nach Deutschland, wo er heute im Norden auf dem Land lebt. Für seinen ersten Roman *Kein Paar wie wir* wurde er mit dem aspekte-Literaturpreis ausgezeichnet. Es folgten weitere Romane sowie Sachbücher, zuletzt *Zwei Hälften des Lebens. Hegel und Hölderlin. Eine Freundschaft* (2019) und *Die Entdeckung des Selbst. Wie Schopenhauer, Nietzsche und Kierkegaard die Philosophie revolutionierten* (2022, beide Blessing).

MIX
Papier | Fördert gute Waldnutzung
FSC® C089473

KONZEPTION | GESTALTUNG: Antje Haack | www.lichten.com
SATZ | HERSTELLUNG: Büro für Gedrucktes, Beate Zimmermanns
ABBILDUNGEN: Einbandvorderseite von bpk / Nationalgalerie, SMB / Andres Kilger, Einbandrückseite, S. 2, 3, 80, 81 und 199 von akg-images, S. 4 von bpk / Hamburger Kunsthalle / Christoph Irrgang
REPRODUKTION: Frische Grafik, Hamburg
DRUCK | BINDUNG: Beltz Grafische Betriebe, Bad Langensalza
Printed in Germany
ISBN 978-3-949203-70-1